The Essential Advantage

How to Win with a Capabilities-Driven Strategy

Paul Leinwand Cesare Mainardi

Strategy + Business 书架

基础优势

以能力驱动战略制胜

[美] 保罗·莱因万德 塞萨雷·马伊纳尔迪 著
鲁创创 朱 梅 王华祖 译

上海社会科学院出版社
Shanghai Academy of Social Sciences Press

目　录

第一部分　战略协调

第一章　基础优势

上午八点，某大型跨国制造公司总部会议室。25 个人围桌而坐，其中大多数是事业部主管或是重要职能部门领导。此外，还有十几个身处不同地区的区域负责人通过电话参与讨论。本次会议旨在对企业新的增长点进行季度评估，某主要事业部负责人正推销着她的理念。在印度德里长大的艾迪亚（Aadya），性格沉稳、健谈，是一位出身工程师的企业高管。她今年 41 岁，在这家公司供职已有十年，目前居住在加利福尼亚州。艾迪亚去年大部分时间都是在印度和其他亚洲国家度过的。她相信，这些地方的发展孕育着公司的美好前景。

坐在会议桌头把交椅上的，是公司首席执行官马丁（Martin）。机缘巧合的是，正是当年担任北美地区业务主管的他雇用了艾迪亚。马丁担任首席执行官一职仅仅四年，由他创办的这个例会，如今已经成为公司的标志性活动。受邀参加会议被大家看作是身份的象征。众所周知，公司的整体战略正是在这种会议上拍板敲定的。

艾迪亚正在阐述一项大胆的设想：在新兴市场销售公司某旗舰产品的平价版。如果奏效，那么等待公司的就不仅仅是“小打小闹”的成功：用户将数以亿计。

马丁向前欠身，向艾迪亚提出一个简单的问题：“我们在这一行业真的胜券在握吗?”

与会众人以前听到过马丁提出同样的问题。然而,这次他平静而直白的语气让大家禁不住坐得更直。看似泛泛无奇的一句问话,却包含着具体而现实的考量。是什么让艾迪亚认定,公司可凭借该产品有效占领市场?她选择的切入点是否恰当?公司又是否拥有将计划付诸实践的能力?

马丁的提问方式,就像是教练在问运动员:“你做好打赢这场比赛的准备了吗?”或者是老师在问学生:“你觉得自己能金榜题名吗?”但是,公司押下的赌注要高得多。在知道这个新项目能否盈利之前,公司可能要投入数百万美元。或许实际市场需求要比公司预期少得多。也可能会有新竞争对手迅速进入市场,以更低的价格抢夺公司的生意。

“是的。”艾迪亚干脆地回答。随后,她认真地展示了一份关于消费市场的分析,一份关于印度、中国和南非等一系列国家相关竞争对手的概括报告,以及一份最重要的详尽、客观、考量周全的公司能力报告。就生产所需原材料的采购方面,公司是轻车熟路的,占据优势的市场营销和配送能力也足以满足新兴市场消费群体的需要。另一方面,公司的创新能力,尤其是在开发现有产品的简化、平价版本方面,需要进一步增强。因此,艾迪亚建议在亚洲新建一座技术研发中心,以发现并利用当地人才,为这一目标服务。她还迅速草拟了一份可以让公司更好地进入目前尚未赢得一席之地的潜在市场的采购方案。她的这些举动并未给人留下一种试图推销自身理念的印象,而是简单明了地解释了公司若想实现这些,所要押下的赌注以及将会面临的风险。

艾迪亚结束发言之后,马丁向后靠到椅背上,十指交叉,若有所思地说道:“我更倾向于尝试一下这个方案。”

艾迪亚松了口气。她明白,极少有提议能走到这一步。然而,公司尚未做出最后决定,一切都还在讨论之中。此刻,一个重要问题摆在每个人面前:如果公司将该计划付诸实现,需要投入什么?他们需要哪些能力——包括现有的和新增的——去支撑这一计划?需要何种规模的投资才能填补资金缺口？需要从何处挤出资金来满足这些投资需要？区域负责人、职能部门领导、其他事业部门头目……无论是在座的还是通过电话参与会议的，每个人都轮流发言，谈论各自需要扮演的角色，以及有可能作出的贡献。

对话气氛相对自然轻松。这支团队已经数次召开过类似会议，基于公司的能力范围，每个人都明白何种增长方案有可能实现、何种方案无法奏效。两个小时之后，形势变得明朗，整个公司都准备支持艾迪亚的方案。该方案将不会被独立执行，而是作为整个增长战略不可分割的一部分，可以利用公司所拥有的全部主要资源。

如今，虽然此类对话并不常见，却在各大公司越来越多。它们或许并不拘泥于此种形式，但它们在企业战略相关性和讨论激烈程度，或者对于业务预期的关注度，都是相同的。这样的公司皆以持久成功经营而为众人所知，因为它们拥有竞争对手无以匹敌的“基础优势”。诚然，它们也会犯错误，有时还是非常重大的错误，但大多数时候不会，因为它们会从错误中吸取教训，以更强的力量卷土重来。它们集中力量生产、提供那些成功的产品和服务，并且持续而自觉地进行再投资，以提升自己在同行业中出类拔萃的能力。基于这些原因，它们的竞争对手很难追上它们。

这些公司之所以成功，并不是因为拥有何种资源、企业规模多大，或是“入对了行”。它们的优势在于自身的作为，以及为创造价值而配置资源的方式。它们之所以成功，得益于协调一致。

协调一致缘何重要?

对于很多人而言，所谓“协调一致”便是让大家团结起来，和谐如一地做事。但在本书中，这个词有更具体的含义。如果说一家公司具备“协调一致性”，那么他一定非常关注以下三个关键要素，并对其有着清醒的了解：一是公司的市场定位（您也可以理解为其所选择的“游戏方式”）；二是企业自身最独到的能力(这些能力协同工作形成系统);三是产品线与服务组合。对于一家“协调一致”的公司来说,恰当的产品和服务体系,通常都是认真考虑经营所需能力的审慎选择。

若想达成“协调一致”,仅仅做到上述要素中的一两条是不够的。只有三者协调的时候——彼此同步且拥有适当的外部市场环境——公司才能真正在持续不断的竞争中立于不败之地。由这种“协调一致”所产生的基础优势,是领先企业的特征。与那些为公司带来短期繁荣的暂时性优势形成对照,基础优势是可持续的,且几乎不可复制。

我们的核心观点很简单:在商业领域,协调一致就是基础优势。诚然,公司也可以利用其他形式的优势,例如基于产品、品牌、资产或是市场定位等。但是这些优势都是短暂的。面对技术问题、新生竞争者以及全球的经济形势变化,他们都显得非常脆弱。专利和版权都有过期的时候。更为熟练专业的竞争对手出现之后,原有的业务流程会黯然失色。当政策发生改变,政府保护会受到影响。创新成果亦会对技术垄断产生威胁。

与此同时,大多数企业习惯于“因循守旧”:它们的身份、文化和关系,天性难以快速融入不断改变的环境。您很难迅速而频繁地与周围的受众和技术相适应。但是,通过提高“协调一致性”,如同夜里向着灯塔航行的船舶,您的企业就可以瞄准一个更为明晰、更具持续性的目标。无论面对外部风云变幻,还是公司的内部问题,您都不会再脆弱如昔。

想想自身因缺乏“协调一致性”而面临的困境吧。多少次,您耗费数不清的时间和精力,终于找到新的战略方向,或发现了新的增长机会,却未能创造出更多价值?多少次,您主动进行创新,却因为项目与公司其他部门脱节,从而达不到期望的效果?多少次,您试图在会议上平衡诸多职能部门、业务部门和销售地区(各方面都有自己认为合理的解决方案)的要求,却造成了他们之间的矛盾,导致投入超出企业预算和所掌握的资源?

“我们在寻找一种‘胶合剂’”,不久前,在世界最大消费品公司之一供职的一位 CEO 如此哀叹。有此感慨的绝非他一人。很少有企业高管会花上足够的时间将企业作为一个整体加以考量。长期以来，缺乏“协调一致”一直是商业生活中的定式。人们对它早就习以为常。然而，在现今的商业环境下，这种方式已经站不住脚。许多公司意识到，自己不得不做出改变。

若要享受“协调一致”带来的好处，您需要一步一步慎重行事——重新考量目前的经营战略，跨越对内管理与对外经营活动之间长期存在的鸿沟，将企业带到专注的轨道上来。在本书中，我们将就这些内容逐一讲解。

成熟市场中的商业突破

想要理解我们所说的“协调一致”，不妨先来看看医药业界巨头辉瑞公司（Pfizer，Inc）消费者医疗保健事业部的故事。这家事业部非常强大，单凭一己之力便足以跻身财富五百强行列，2002 年至 2006 年间的销售额达数十亿美元。该部门之所以能做到如此境界，秘诀在于实现某些人断言不可能实现的东西：在成熟市场中实现商业突破。

辉瑞公司消费者医疗保健事业部的知名度，大多源自其非处方（OTC）医药制品，如抗菌漱口水李施德林（Listerine）、抗过敏药苯那君（Benadryl）与仙特明（Zyrtec）、抗胃酸药雷尼替丁（Zantac）、感冒药速达菲（Sudafed）、戒烟产品力克雷（Nicorette）、生发产品落键（Rogaine）等。辉瑞公司通过一系列并购将这些产品收归旗下，其中 2000 年对华纳兰伯特（Warner-Lambert）的并购当属重头戏，后者是一家拥有医药、糖果、薄荷糖和口香糖等多种产品的公司。辉瑞的主要目的是，借此桩并购交易，将用来降低胆固醇的处方药立普妥（Lipitor）纳入自身的产品线。2002 年，辉瑞又并购了另外一家结构松散的企业——法玛西亚（Pharmacia），获得了该公司的关节炎治疗药物西乐葆（Celebrex），同时将其生产的其他旺销医药产品也收入囊中。

尘埃落定之后，辉瑞公司在非处方药产品市场中的份额和能见度大幅提升，达到了前所未有的水平。拜这些并购所赐，该公司非处方药产品年销售收入从5.6亿美元增长至近30亿美元；通过整合与精简，消费者医疗保健事业部成功削减了3亿美元的年度成本。不过，该部门的领导们面临着一个重大问题：他们的业务并不属于公司的主流范畴。他们需要让辉瑞公司其他部门的人相信，生产非处方的漱口水、片剂和药膏是一条可行的商业之路，能够带来显著的盈利增长。

辉瑞是一家权力相对分散的公司，各部门在经营上皆享有高度的自治权。母公司秉承科学导向的企业文化，员工和领导层的医学科研背景是体现之一。在这样的文化氛围之中，辉瑞公司消费者医疗保健事业部给人的感觉有些古怪。虽然业务发展负责人汤姆·布斯(Tom Booth)来自母公司的制药厂，但该部门大多数领导，包括总裁马克·罗宾森(Marc Robinson)在内，都有在华纳兰伯特供职的经历，曾经在消费者产品市场营销前线摸爬滚打。但在某个方面，他们与辉瑞的其他同仁非常一致：拥有勃勃雄心。2002年，他们将该部门更名为"辉瑞公司消费保健品事业部"(Pfizer Consumer Healthcare，以下简称"PCH")，着手为全球范围内的增长制定全面战略，目标是成为世界消费保健品市场上的翘楚。

罗宾森、布斯以及事业部的其他主管，从近距离观察非处方医药产品市场动态入手。当时，这是一个整体增长水平较低的高度分散的市场，没有哪家企业的全球市场份额能超过5%。若想有所突破，关键途径之一是所谓的"从处方到非处方"(Rx-to-OTC)的转换：将处方药(Rx)改成较低浓度的版本，使消费者无需医生处方便可在药店或是商店货架上买到这些药品。要想实现这种转变，需要有能力把握各国差异性严苛医疗监督体系。不断变化的全球人口情况——老化的人群、收入水平增长、节奏越来越快的城市生活方式——提供了另外一个机会，即更广阔的"自我药疗"市场。不过，这也意味着更多的竞争：大规模零售商的逐渐兴起，越来越多的自有品牌(药店品牌)产品进入市场。

接下来，PCH的管理团队审视了诸多传统战略专家会提出的建议：

生产潜力较大、市场未饱和、与处方药类似的产品。比如，减肥产品，拥有广阔的潜在市场，在非处方药领域并无相应的领导品牌。但PCH没有此类产品，而且该领域存在诸多拥有经验的潜在对手，随时准备加入竞争。即便PCH在研发方面投入重金，也无法保证一定能找到解决方案（或得到公司高层的首肯）。PCH将不得不依靠更有效地推销现有产品以获取利润增长。

团队成员就辉瑞公司及其竞争对手的非处方药增长率做了对比。出乎他们意料之外的是，在每类产品中，都有一两个品牌鹤立鸡群。其中包括部分竞争对手的产品，如止痛药泰诺（Tylenol）、拜耳阿司匹林（Bayer aspirin）、善存维生素（Centrum vitamins），以及辉瑞自家的李施德林和力克雷等。这些"佼佼者"都是以宣传自身对于健康显而易见的好处为基础进行市场营销的。如果一家公司拥有一种能提升使用者健康水平的更棒的产品，并且自称能达到一定效果，比如说，"苯那君的效果比业界领先的处方抗过敏药高出54%"，或是"只要您需要，即便是在胃酸症最折磨人的夜晚，雷尼替丁都会快速起效"，那么，即使是在一贯低增长的领域，也会建立一个世界范围的兴旺业务（因为对于疗效的宣传能吸引新客户）。因此，PCH的团队成员意识到了某些重要的东西：他们的成功与否，与其说取决于零售市场，倒不如说更与保健品本身有关。

摒弃自华纳兰伯特时代便根深蒂固的思维方式，需要勇气：过去他们曾经相信，在消费者保健领域——与食品和化妆品领域一样——只有夺得"品类冠军"（"货架空间"之争），才能确保成功。但是，总裁马克·罗宾森曾经在华纳兰伯特时代参与基于疗效的广告宣传策划，他理解以健康为卖点进行市场营销的影响力。业务发展负责人汤姆·布斯一直在强调统一战略与按照市场规律做出选择的重要性。团队曾经有过李施德林这样的案例。该产品在美国市场曾经被当作感冒和喉咙肿痛的补充治疗药物进行出售，一直到1976年联邦贸易委员会（Federal Trade Commission）出台规章，杜绝"疗效宣传营销"才停止。从那之后，李施德林步入黯淡。20世纪90年代后期，李施德林引入了另外一条宣传口号：

“李施德林比牙刷和牙线更能有效祛除牙齿污渍。”在这条新宣传口号的作用下，该产品的销量止跌回升。凭借对牙龈炎的防治效果（之后，美白牙齿也被写入其中），李施德林不需要牙刷或是牙膏所需的产品线延伸，PCH 无需尝试将整个口腔保健类货架都包揽下来。

这给予 PCH 部门主管信心。他们决定不在产品促销方面与对手展开竞争，而是把赌注押在一部分备受青睐且能为消费者提供“疗效”的品牌上。PCH 声称这些产品具备疗效，并邀请当地监管部门来证明这些疗效，从而抢占相应的市场位置。这些产品可以为全世界的人解决与健康相关的小问题。

主管们知道，这一战略是有利可图的，特别是因为其他任何主要保健品生产商都没有以这种方式考虑自己业务。但是，随着仔细深入地思考，他们也意识到，若要实际操作这一战略，PCH 需要在六种能力上更加专业化，甚至做到世界水平。其中有三种能力，是部门中来自华纳兰伯特的成员们已拥有的核心能力：

• 通过“从处方到非处方”转换，开发并推广新的非处方产品；

• 基于“疗效”的市场营销，向消费者宣传产品显而易见的健康效益（华纳兰伯特已经在李施德林、速达菲以及其他一些产品上做出了展示）；

• 在普通商店和药店的有效零售执行（例如摆放产品、沟通诉求、定价策略、促销，等等）。

部门中来自辉瑞的成员也早已精通其他三种能力：

• 影响监管部门和政府政策的能力（让自身对于产品疗效的宣传在众多国家和行政区居于合法地位）；

• 对于入选品牌的集中管理，将其推广为具有全球影响的品牌；

• 药物类似产品，在“形状和配方”（就像药理学者对其产品的叫法一样）上加以创新，以便公司宣传时提升产品在保健方面的价值。

以上每一项能力对于实现辉瑞的战略都具有重要意义，而它们之间相结合的方式则将成为影响公司竞争力的因素。为了在基于专利权的市场营销中占据不可撼动的特许经营地位，辉瑞需要持续而稳定的规划，以保证获得这些专利权。所以,公司需要基于科学研究的产品创新,以及强大的“从处方到非处方”的转化能力。公司需要一种让监管部门批准专利,并将这些“批准”转化为消费者广泛熟知的产品的能力。这需要对少数能够产生轰动性结果的品牌进行集中的业务组合管理,集中的零售执行,以保证让任何寻求辉瑞公司消费者保健品的人都觉得自己可以轻易找到相应产品。

选择了此种营销方式和能力系统之后,管理团队开始着眼于产品组合。有些产品已经不再适宜。举个例子,个人保健产品(如洗液和剃须膏等)的销售取决于时尚趋势和消费者个人喜好。在此类产品上取得成功,与临床疗效关系并不大。有观点认为,如果某种特定香型的洗液或是须后水只能让42%的人感觉舒适,那么即便有实例证明它们是有效的,也不会对产品营销有所帮助。糖果是另一大类产品,诸如“芝兰”(Chiclets)、“洁白牙齿”(Trident White)和“巴布里修斯”(Bubblicious)等口香糖。这些产品的销售对象是那些“即兴购物者”;若想取得成功,需要快速循环的口味创新,以及在商店收银台附近占据一席之地的能力。

虽然有不少此类品牌业绩优良,但辉瑞依然将它们出售了。2003年,辉瑞公司的糖果生产线被吉百利史威士(Cadbury Schweppes)买下,而舒适(Schick)和威尔金森(Wilkinson Sword)剃须类产品则被劲量控股收入囊中。公司将注意力和资源全部集中,用于培植少数全球“黄金”品牌(如李施德林漱口水、仙特明抗过敏药和力克雷戒烟产品等),同时收购普瑞来(Purell,洗手液品牌)等同样可以基于专利权进行宣传的品牌:“普瑞来一秒钟即可杀灭99.99%的致病菌。”

在接下来的数年间,PCH凭借其独特的拳头产品树立起震撼世界的销售渠道特权,确保本部门得到运营团队在六大能力上的支持,以实现与每一处市场的完美融合(第十一章描述了他们为达成这一目标而采取的某些步骤)。很少有其他公司将这一系列能力加以整合。来自华纳兰伯特和辉瑞的领导者共同创造了这一战略,更有熟练的员工和丰富的产品线为其提供支撑。无论是对领导者还是对雇员而言,供职于一家整齐划一并能够在所选定的市场取得成功的企业，都是最大的回报之一。

时至2006年，PCH的年销售额将近40亿美元。这是辉瑞公司经营范围内的主要业务，其增长率是同行业水平的两倍。2006年，随着辉瑞以166亿美元价格将PCH出售给强生公司(Johnson & Johnson)，该部门的价值也变得越发引人注目了。该价格代表20.6倍的盈利率(尤其是息税折旧摊销前利润，即EBITDA)，是同期行业平均水平的15倍。造就这一惊人收购价格的最主要因素，在于PCH团队所创造的有利可图的增长动力。

“协调一致”的三大要素

PCH之所以取得成功，其关键不在于某个特定品牌或是资产的价值，这一点显而易见。而这份成功亦非来自该部门不断增长的执行力：分析师迈克尔·波特(Michael Porter)恰如其分地指出，他所说的“卓越运营”并不是成功战略的核心。从严格意义上说，PCH所占据的竞争地位，也不是它能取得成功的决定条件。上述因素都很重要，但最关键的是，该部门有能力对它们加以整合，将琐碎的战略计划和执行过程融合成一个实际可行的、协调一致的系统。

通过发展三大彼此相联系的战略要素，辉瑞公司实现了这一目标。如果您经营着一家正在寻求协调一致性的公司，那么您可以通过将这三大要素与您自己的生意相结合，从而达到目的。

一种营销方式：“我们该如何在市场中获取价值?”

所谓营销方式，指的是使公司在某一特定市场创造并获取价值的、经过深思熟虑的方式。它可以将您的公司与其他企业区分开来。定义明确的营销方式，在大的方面足以使企业在市场上拥有一定的灵活性、允许企业扩张速度超越价值增长速度，而在小的方面又专注于企业发展战略和决策制定。它可能代表着技术创新者，产品的低成本供应者，高明的经营者，或者（更有可能）是一种符合顾客群体和公司能力的、由许多战略身份组成的特殊集合。

PCH的营销方式，可以用一句话来概括："我们基于真实而有意义的专利，以非处方药形式为全世界消费者提供各种健康小问题的解决方案。"

一家公司的营销方式不是随机选取的，而是取决于对目标市场深入而确切的洞察力，以及对自身独有优势（也就是您公司的能力）的了解。正如我们将要在第四章中讨论的，引领行业的公司，其所选择的营销方式，可以塑造一个行业的竞争模式。

一套能力系统："我们该如何以优异的表现实现这一价值？"

所谓能力系统，指的是一个由三到六种彼此相辅相成、能让公司营销方式得以实现的"能力"所组成的集合。其中每一项能力都是独具特色的：整个系统所体现处的，是鲜有旁人掌握的卓越竞争力。当您依照战略对这些能力进行组合使用之时，它们便可以让您的公司始终走在竞争对手前面。最关键的并不是您拥有何种资本，甚至不在于您所提供的产品和服务。您能为目标消费者做些什么，永远都是市场竞争成败的决定因素。

这些"能力"并非"供应链管理"或是"销售技能"之类所有公司为了参与市场竞争而必须掌握的"筹码型"本领，也不是"人力资源"和"财务管理"等"功能型"技巧。这里所说的"能力"，指的是真实可靠的、可以持续实现与所处行业有关的特定成果的技能。这种能力，来源于企业生产过程、设备、知识、技巧以及组织结构等的合理搭配，所有焦点都集中在满足预期结果的需要上。

例如，在特定类型的商铺保证货架空间的能力，通过深入研究消费者数据开发新产品的能力，按照独有方式组合产品与服务的能力，或是与特定政府主管部门打交道的能力，等等。若想发展并改善出一套能将本公司与其他对手区别开来的独特能力系统，要花上数年时间。

原本，关于能力对企业战略的重要性，是很难写清楚的。孔拜陀·克里希纳拉奥·普拉哈拉德（Coimbatore Krishnarao Prahalad）与加里·哈梅尔（Gary Hamel）曾于1990年发表了一篇开创性的文章《企业的核心竞争力》（*The Core Competence of the Corporation*）。此外，谈论这一话题的文章和书籍还有很多。但有很多人将公司的"能力"与一般的企业职能混为一谈，或者将其看作是赶超竞争对手的技能，而不是一种各组成部分之间相辅相成、可以应和战略需要并促进价值创造的系统。伦敦商学院（London Business School）教授金·沃伦（Kim Warren）由此感叹道，"所谓'核心竞争力'，即某些能为企业带来长期竞争优势且作用超强的独特能力——这一概念已被人们滥用、误用，甚至关注过头了。"

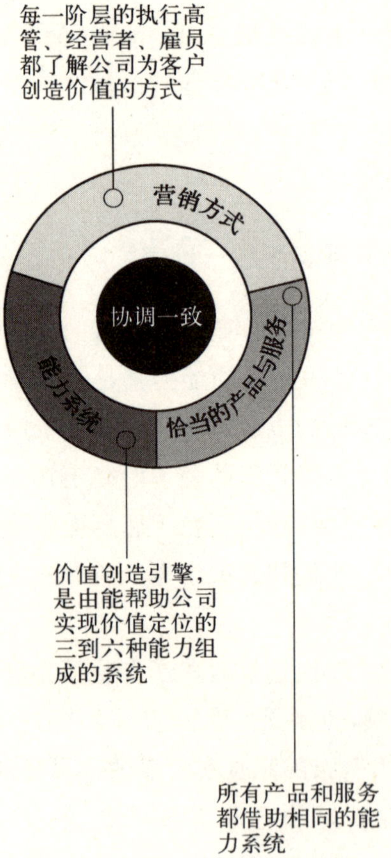

图1-1　协调一致度框架图

来源：翻印自拙文《协调一致的回报》，《哈佛商业评论》，2010年6月。

只有在一个相辅相成的系统之中，通过可行的营销方式共同发挥作用，这些能力的全部价值才能得以体现。从新产品开发，到基于专利权的市场营销，再到被说服的监管部门，PCH的六项竞争力便组成了这样一个能力系统。其价值并不单单来源于某一项能力，而是所有能力共同作用的结果。如果您的营销方式代表着谨慎选择的公司经营方向，那么您的能力系统便是驱使您达到目标的引擎。在第五章，我们将对能力系统进行深入探讨。

恰当的产品与服务："我们要卖些什么？卖给谁？"

作为一家协调一致的公司，需要对自身的业务组合进行全盘掌控，以保证每一样上市销售的产品或服务都能得到公司独有的能力系统的支撑，并与公司的营销方式同步。无关能力的产品或服务应该被撤除。如果某些部门在其他拥有更恰当营销方式的公司能够体现出更大价值，即便它们是盈利的，或许您也会将其出售。同时您也可以放眼身外，寻找那些可以充分利用您公司自身能力体系的、具备收购可能性的产品和服务。

对于恰当的产品和服务需求，足以解释辉瑞公司为何要出售口香糖和剃须刀部门，并收购洗手液生产商。保守一点看，辉瑞将 PCH 卖给强生，也是基于这一原则：相较于辉瑞这类只有一个非处方产品事业部的处方药制造商，该能力系统更适合强生这类非处方保健品制造商，因为后者可能将其应用于旗下所有品牌。我们将在第六章进一步讨论"恰当的产品与服务"。

随着我们在相应章节对这些要素加以深入探讨，我们将详细讲述如何对其加以定义和开发。任何有效商业战略的基本任务，都是将这些要素整合到一起：除了要对市场和业绩有敏锐的感知力，您的公司还需要能力驱动战略。

能力驱动战略

所谓"能力驱动战略"，指的是一系列能够帮助公司提升协调水平，从而创造基础优势的选择。虽然除了能力之外还有其他因素在起作用，但我们觉得"能力驱动"这一提法更为恰当，因为它强调了能力在价值创造引擎中的重要地位。

正如在本书中看到的能力驱动战略，基本从三个战略要素的比较中作出选择。公司采取何种营销方式，并不取决于为产品和服务占领潜在市场这样的传统手段，而是基于深入了解当前潜在客户、可能的增长机会以及公司现有能力。公司的能力系统，是依照其选择的营销方式建立的。产品与服务的结构体系，也许会随时间推移，以某种特定方式发生演变，但现在它将会针对您所选择的营销方式以及您所能应用的能力做出调整。您的战略，就是您对于如何整合所有能力的判断，会随着经验积累而不断得到磨炼。

人们对于这一概念有些误读，在此有必要解释一下：

“能力驱动战略”并不拘泥于“为了建立能力而建立能力”。它不像电影《梦幻成真》那样，假设“只要肯做，就能做到”。各种能力之间必须彼此相互融合，并支持公司的整个营销方式。

它也不会(像人们制定战略时通常所做的那样)仅仅关注外部的影响因素和发展潮流，认为公司可以在任何有吸引力的市场应对挑战。您需要仔细评估每一项挑战：只参与那些值得一搏的竞争，而且必须胜券在握。

它不是某种狭隘的处方，如：仅仅局限于某一门类，或在一个经营范围内参与竞争，“顽固自身风格”，或是只针对特定客户群进行销售。协调一致的业务组合，只要有独特的能力系统做支撑，其形式可以是多种多样的。

它并非一种业务组合，也不是什么核心竞争力、竞争力分析或是“SWOT”分析(优势、劣势、机会、威胁)。它是价值生成、用人分析和其他强化经营者判断力并使其头脑清醒的基础逻辑。

它不受公司现有客户群的限制，而是明确针对想要开发的目标客户群。

“能力驱动战略”不代表一成不变，而是恰恰相反。如果您对自己企业创造价值的方式了如指掌，在把握新机遇时便有了先机。只要对新产品有胜券在握的自信，您可以抛弃旧有的产品线，引入全新的。

然而它又并非是置之四海而皆准的灵丹妙药，无法应对所有挑战，有时您甚至要背弃原先固有的经营方向。该战略承认长期沿袭下来的要素——生产过程、惯例、技术以及习惯等——仍有其价值。

它不具备决定性，也不提供在任何行业取得成功的最佳捷径。“协调一致战略”往往存在许多版本，竞争者之间彼此区别越大，这些版本就越多变。

最后，该战略并不是以牺牲长远成功为代价博得短期结果的简单公式。拥有协调一致度的公司通常会经历迅猛发展和急剧增长，但利润数字的快速上升并非该战略的目标所在。“能力驱动战略”，意在可持续、可发展、不间断地创造价值。

实现协调一致的背景环境

根据我们的经验，公司企业若想追求更高程度的协调一致，会以某种情况为契机。有时候这些契机藏于危机之中。由于某些破坏性外部因素、自身的失误，或是各种原因杂糅，那些位于市场底层的竞争者会被“挤出赛场”，如果想继续生存，就需要对战略进行全面修正。

有些公司已经成功将力量集中到特定行业或部门，现在想要以更富有系统性和战略性的方式扩展由协调一致所带来的红利，并借此让自身的成功锦上添花。

有些企业至今依然受到所处环境的“保护”，但已意识到这种“保护”终将消失。这些企业可能享受着来自政府方面的支持，可能拥有专利技术或是其他优势，也可能是在某一被高度监管的经济体中占据特权地位。从前，这些企业也许并不认为他们需要基于自身能力参与市场竞争，但如今他们所要面对的是一个竞争越来越激烈的世界，必须要为这一转变做好准备。

还有一部分企业,一直想要驾驭所在行业日渐增长的复杂性,每年都要靠压缩成本和微不足道的增长来榨取利润。这些公司有可能是最近才意识到,自身所采取的策略已经不再具备竞争力,漫无条理的经营模式已经让它们精疲力竭。为了变得更加强大,它们正在另找出路。

最后,有些公司自然倾向于"协调一致"——而且,已经逐渐成为其他企业的榜样。诸如苹果(Apple)、印第纺织(Inditex,西班牙成衣制造企业,以旗下 Zara 品牌著称)、沃尔玛(Walmart)、亚马逊(Amazon. com)、奥斯龙(Ahlstrom,芬兰材料制造商)、巴西伊塔乌联合银行(Itau Unibanco)等,它们所提供的产品和服务各异,却全都坚持走适合自身能力系统的成熟发展道路。不过,正如英特尔公司首席执行官安德鲁·格罗夫(Andrew Grove)那句四海皆知的论断,这些公司深知,"只有偏执狂才能维持生存"——更确切地说,无论公司本身多么协调一致,总会出现更加协调一致的竞争对手。它们也明白,随着时间推移,协调一致性会逐渐涣散,必须对其持续加以培养和加强。

或许您的公司正处于上述某个(或多个)阶段。或许您所面临的局面是独一无二的。无论您的起点如何,有一点与其他所有公司是相同的,即重新创立发展战略的历史背景。

正如沃尔特·基舍尔(Walter Kiechel)在《战略之王》(*The Lords of Strategy*)中所指出的,慎重制定长远目标和业务发展方向,是一个相对较新的理念。它出现于 20 世纪 60 年代。当时,市场上大型主流公司的领导者们开始分析生产成本、产品价格、运营费用等数据。从那时开始,新式思路常常填补旧式思维的空白,经营策略渐渐形成概念并得到重视。公司试图通过以下方式获得发展:扩大市场份额、建立规模经济、设置准入门槛维护自身市场地位、强化执行力、引入卓越的运营体制、寻求"破坏性创新成果"和新的市场、发展核心竞争力、贴近客户群体,或是选择更"基于市场"的发展方针,凭借现有业务和自产创造更多价值,或是让自身更具适应性、敏捷性和恢复力等。

以上这些策略(以及其他许多策略)皆有可取之处。但它们通常都被视作应对某一特定经营问题或是业务需要的解决方案，因此很容易与整体而可持续的实际战略方向脱节。许多公司投入了大量人力以避免失误、解决眼前问题，零星采纳了一些此类策略，这并不足为奇。然而在这个过程中，它们却走上了一条与“协调一致”背道而驰的道路。

能力驱动战略代表另外一个方向：认清公司内部价值创造的原理（即公司的优势所在），把握住有效和市场的机遇，做出抉择，将二者合而为一，从而占据与自身相协调的战略地位。

如何阅读本书

作者关于“协调一致”的观点，来源于在一家机构担任战略顾问的经历，而该机构曾经与多家身陷危机和面临业务转型的公司合作。对于那些能让公司企业获取并持续保持成功的要素，我们有着独到的认识。

十五年前，作者便与博斯公司的同仁们一起开始研究这种战略。由于我们经常与相同的客户群体保持长期合作，所以有机会观察这些客户战略决策所产生的长期效果，并总结成功和失败的缘由。我们开始通过分析性研究（部分内容在第二章有论述）和更为直接的实践来检验自己的结论。逐渐地，作者和同仁们意识到了“协调一致”的重要性。

本书的对象，是那些了解“协调一致”益处，但尚未认识到其潜在战略价值的商业领袖和其他决策制定者。如果您就是这样一位领导者，我们将为您指明通向“协调一致”的道路：或按部就班，或一蹴而就，全凭您公司所能把握的节奏。我们将向您展示，“协调一致”如何为您的企业带来快速增长和长远的发展与成功。

在下面的章节中，我们将对“能力驱动战略”发挥作用的过程进行明确描述，阐释其创造价值的方式，讲解其所包含的要素，并将它们逐步加以统一。我们会在书中不同节点，以“实用向导”模式引入公司企业在实际操作这一战略时验证有效的“锦囊妙计”，供您和您的团队参考。

在第一部分，我们将提出价值创造的基本逻辑，以及让您的公司酝酿并实施"能力驱动战略"的路线图。第二章"协调一致的回报"将对这一方法的原理进行深入阐述。该章节展示了"协调一致"为公司创造价值的方式，同时解释了"缺乏协调一致"所带来的不利后果。该章节参考了我们关于"协调一致"与"缺乏协调一致"之间关联的研究成果。此外，我们还研究了某些疑问，探讨了该战略对于成熟行业、新兴市场（例如中国和印度）以及跨多种行业大公司（如通用电气）的适应性。

在第三章"能力驱动战略"中，我们预演了您和您的管理团队培育该战略各项要素时所要经历的旅程。您还将学会如何评估自己现在的"协调一致"水平。

第二章与第三章为第二部分奠定了基础，而后者将您公司战略的三项要素视作战略选择之中的变量。第四章"营销方式"，着重关注您的客户群体与您公司能力之间的关系。我们将为您展示"集中"营销方式为两大著名产业（消费零售业与个人电脑制造业）带来了怎样的不同。随后，我们将向您展示如何寻找并确定自己的营销方式，并以它为基础，确立公司的整体发展方向。

第五章"能力系统"，将阐述能力与价值创造之间的关系，以及将能力整合成为一个整体之后所带来的影响。我们将讲述商业经营史上最出色的能力系统之一——亚马逊公司的能力系统，并说明各行各业的公司企业该如何以其为榜样。

之后，在第六章"恰当的产品与服务"中，我们将介绍一种关于公司资源的更为协调一致的考量方式。通过讲述一家主要材料生产商（奥斯龙公司）更新产品线和知名消费品（李施德林口香片）投放市场的过程，我们将探索导致某一特定业务成功或是失败的原因。随后，我们将为您讲解如何为您公司中的部门估价。

第三部分将对公司协调一致创造价值的某些具体方式进行探讨。基于您对决策的把握情况，您的公司或许会走向蓬勃发展，或许会被别家并购（M&A）；而对您寻求协调一致的努力而言，成本压缩既有可能会起到主力作用，也有可能起到破坏作用。第七章“打开增长之门”，将帮助您认清促成销售收入增长（顶线增长）的“协调一致”方式与“非协调一致”方式之间的区别。通过区分四种不同形式的增长——每一种都蕴含着独特的潜在“协调一致性”——我们将为想要更有效扩展业务的您提供一个切入点。我们还将阐述增长中最常见的隐患之一——“邻接陷阱”（adjacency trap），并以 20 世纪 80 年代发生在安海斯布希（Anheuser-Busch）与菲多利（Frito-Lay）之间的快餐小吃之争为例。

第八章“兼并与收购”，将为您讲述如何借由兼并收购来扩大“协调一致度”。通过引入“能力驱动战略”，并购带来的真正良机——以传统交易者的眼光是看不出这些机会的——会变得更加显而易见。在这一章，我们依然会将亚马逊公司作为榜样。

第九章“降低成本与增强实力”，打破了长久以来人们关于成本与战略之间互不相干的偏见。事实上，在任何追求“协调一致”的成功举措中，掌控成本都是极其重要的。我们将以江森自控国际（Johnson Controls International）和雷诺烟草（R. J. Reynolds）两家公司为例，讲述它们如何确保自身经营过程中出现的危机不至成为被白白浪费掉的机遇。

第四部分，也就是最后一部分，讲述了如何通过改组和重新占领市场领先地位，让您的公司在每日经营中都保持“协调一致”。第十章“基础优势路线图”，对于“能力驱动战略”发展过程中的分析、交流与选择而言，是一份贴近实际、按部就班的指南。

第十一章“按照协调一致原则安排经营”将为您讲解公司结构变化、非正式实践活动以及与人才相关的策略。正是凭借他们，公司方得以将“能力驱动战略”付诸实现。

第十二章“有能力的领导者”，是对总经理这一角色的简要重述。追求基础优势，是非常值得的。但这需要勇气作出必要的决断，以及付诸实践的毅力和技巧。

最后，协调一致的能力驱动战略，并非只是企业未来行动的方向，它就像是一条声明，宣布企业现在可以创造价值，并能在未来创造更多价值。每家公司都至少有一项适用于这一战略的且存在潜在突破性的业务。想要认识到这种潜力，不能凭运气。识别并明晰这一战略，并将其付诸实践，是势在必行的。

基础优势术语表

在描述这些概念时，有些词汇非常有用，并且贯穿全书。下面将对它们做出定义：

协调一致：一家公司对于三项关键要素坚定而冷静的集中调配。这三项要素分别是：公司的营销方式、最为独到的能力，以及产品服务的阵容组合。三者之间的关系越紧密协调，公司的协调一致度就越高。可以通过审视一家公司各项产品服务之间共享其独有能力的程度，评估其协调一致度。

相对协调度：您公司与竞争对手相比所表现出来的协调一致程度，是更优业绩和更成功的重要指标。

能力：可靠而持续获得某种特定产出的本领，与您的生意紧密相关（比方说，可以支撑您的营销方式）。这种能力依靠正确整合生产过程、生产工具、知识才能、技巧和组织形式等要素来保证，所有要素的组合搭配都要以满足预期结果为中心。最重要的能力是公司自身所独有的：每一项能力都代表一种鲜有他人企及的卓越竞争力。

能力驱动战略：一系列务实的抉择，意在引领您的公司提升协调一致度，从而为您的公司创造基础优势。

营销方式：一种为了在特定市场创造并把握价值而生的经过深思熟虑的策略，可以让一家公司与竞争对手区别开来。

能力系统：由三到六项能够相互助力的独特能力组成的系统，意在支撑某种特定的营销方式。

恰当的产品与服务：您公司独特的能力系统与营销方式对产品和服务的支撑程度。

价值：一家公司的企业价值，反映着客户长期选择公司产品和服务的意愿。协调一致可以为公司带来持续而可靠的价值生成模式。

基础优势：一种行业翘楚所独有的、获得成功的固有能力，具备持续性，几乎无法模仿复制——与该概念相反的是"暂时优势"，即能让公司企业繁盛一时的优势。

获胜资格：具备基础优势的公司所拥有的自信。这些公司明白，在吸引和维持客户群方面，自己比竞争对手更有信心。

第二章　协调一致的回报

几乎与我们交流过的每一位企业高管，都对协调一致的重要性表示赞同。然而全世界的公司却都在“缺乏协调一致度”的泥潭里挣扎。

若您观察了大多数公司设置优先战略的方式，便会发现这一点非常明显。高层管理团队制定的财务目标旨在改善经营成果。每一项指示的用意都是好的，本身也是合理的，尤其是在业务部门起着指导作用的营销方式，或是可执行的能力系统。但这些目标和指示放到一起，常常会造成人们过度期望企业“经营表现优异”，但实际难以达到目标。

面对这种过度期望，业务部门领导人别无选择。他们只能选择那些有最高额回报潜力的目标加以发展，想尽一切办法降低成本。他们还需要从信息技术、人力资源、研发及运营等职能部门找寻所需的能力，以求迎合迫在眉睫的市场冲突。

由于这些需求彼此之间差别迥异，且皆属公司营销方式范畴，优先顺序似乎并不清晰：“我们需要在消费者价值取向领域做得更好”，或者是“我们应该在创新上做到极致”。事实上，关于何种价值取向或是创新形式对于业务是否真的有重要意义，并无共识。

职能部门的领导者们竭尽全力想要满足尽可能多的业务需要。他们或是将有限的资金与资源加以分配，或是申请新的投资以期应对业务部门新的要求。无论采取哪种方式，都会导致公司陷入“万事皆可但一事无成”的状态。

为了管理为数众多的资源支持申请，企业高管还要担负起预算仲裁者的责任。平时，所有部门都会获得他们所申请的部分资源。一旦进入困难时期，几乎每个部门都会被砍掉同样份额的预算，造成全盘影响。没有哪支团队能获得实现其独特目标所需的全部投资。关于如何释放公司的大多数资源，也没有任何讨论。因此，许多资源要么被错误使用，要么干脆被浪费掉。有些管理者学着接受那些得不到资金支持的计划，并重新提出了更高的成功预期。于是，公司便将资金投向与其发展目标不符的计划，可是项目开始之后又得不到后续的支持。与公司战略成功最为息息相关的能力很容易被当作牺牲品，又或是被其他公司骗取，因为公司内部关于“哪些能力才是最基本的”这一点几乎没有共识。

这些由资源滥用或是浪费造成的问题累积起来，便形成了我们所说的“由于缺乏协调一致度而招致的惩罚”。通常人们并不会意识到它们是导致公司经营不善的罪魁祸首，这反而更具破坏性。不过，只要您用心观察，这些问题都是显而易见的。

例如，您可以在业务部门和职能部门领导者们的私下抱怨中，听出“由于缺乏协调一致度而招致的惩罚”的苗头。某业务部门或是产品线的负责人会说，“如果中层管理者停止干预，让我拥有更多自主决定权的话，我能做得更好。”而运营、信息技术、人力资源以及其他职能部门领导则会埋怨，“如果大家都能坐下来，统一意见，分出轻重缓急，我在资源分配上也能做得更好。”但最基本的问题并非干预与否，假如不能把握合理的行业战略逻辑，意见再统一也起不到太大作用。根源在于，围绕公司战略所展开的行动缺少协调一致度。除非这个问题得到解决，否则任何组织结构上或是企业文化上的妙招都无法避免公司在每一项决策上的内部矛盾。

一季复一季，随着时光流逝，缺乏协调一致度会逐渐引发不良后果，为公司运营带来更大压力，造成更多脱离实际的期望，更多草率决定，更多盲目追求增长的不恰当行为，甚至更为严重的后果。最终，大限将至——管理层被撤换，公司或被重组，或被出售，恶性循环重新开始。

幸运的是，正如我们在本章所要讲述的，“由于缺乏协调一致度而招致的惩罚”可以被扭转为良性循环。凭借深思熟虑、协调一致的战略，公司可以更加有效地利用资源，掌握更为强大的能力，获得更大的回报，从而证明协调一致的战略价值。

我们将此称作“协调一致的回报”。虽然它不像“由于缺乏协调一致度而招致的惩罚”那样广泛存在，但同样具备可识别性。它的表现形式非常有形化，如股东利益、增长、营业毛利，以及自信乐观的企业文化等。

寻找“协调一致的回报”

我们曾经在诸多行业对“协调一致的回报”进行过寻找，并且始终能看到“协调一致度”与企业运营表现之间存在关联。举个例子，近期一次针对袋包装消费品行业、耗时五年方得完成的分析显示，企业的“协调一致度”与财务回报之间存在明显联系。（见图 2－1）

图中展示了十四家大型消费品企业的公司财务表现与“协调一致度”的相互关系。纵坐标轴表示财务表现，以息税前利润率为标准。尽管从长期来看息税前利润率更具参考价值，但“协调一致度”与股东收益之间也存在类似的关联。

在横坐标轴上，我们通过能力与协调一致度评分来为公司排名。这是基于“关键能力”在公司产品与服务中的共享程度计算的。我们通过一系列步骤来求得这些分值：

1. 辨别被研究公司的相关通用能力（在这一部分，指的是口味创新、店内经营等）。

2. 将每家公司的投资组合分解成为单一的业务部门（如熟食、个人保健、玩具与游戏、糕点与糖果等）。

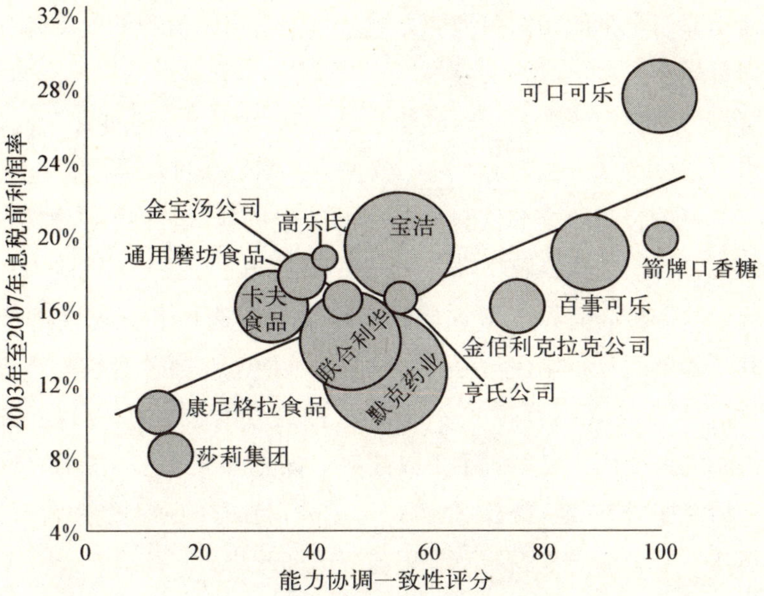

图 2-1 袋包装消费品行业"协调一致的回报"分析,2003—2007

一项针对袋包装消费品行业的深入分析显示,协调一致性与财务表现之间存在明显关联。图中圆圈的大小尺寸代表研究期间十二个月内的企业相对收入。

来源:翻印自《协调一致的回报》。

3.(借助公共信息和专业知识)判断各项能力对于每个业务部门的相对重要性。

我们根据公司能力在各业务部门之间的重要性变化,得出每家公司的协调一致性评分。如果某家公司的能力,对于其大多数或是所有部门都发挥了重要作用,那么该公司的分数就高;若是某家公司的大多数业务部门都有不同的能力需求,那么该公司的分数就低。由于公司收入状况不同,部门规模各异,且受到国际化运营或是其他因素的复杂影响,这些分数是经过分析调整的。虽然该计算方式无法精确反映一家公司在其自身"能力驱动战略"指导下所作出的独特选择,这些分数还是为外界观察者提供了一个合理的渠道。

协调一致性与财务表现之间的关系一目了然。协调一致度越高——

市场营销部门分享的相同关键能力越多——公司的盈利能力就越强。无论公司规模多大多小，这一关系都是存在的。

可口可乐公司的表现一骑绝尘。该公司的协调一致度非常高，即便与百事可乐公司这样强大（协调一致度并不算低）的对手相比也更胜一筹。可口可乐公司的全部饮料产品——碳酸饮料、运动饮料、健康饮料、能量饮料、果汁、茶饮料及咖啡等——都依靠相同的三大关键能力。其一是品牌诉求：在全世界范围宣传和推广最具普遍性和标志性的产品特征。其二是店面分布，这一直是该公司的关注焦点，通常直接与销售店面对接；可口可乐公司拥有高水平的销售、推销与投送能力，可以保证其在饮料市场零售层面比竞争对手更具效率。该能力与第三项能力之间存在关联。后者即“特许经营权”，是可口可乐公司独有的强大能力，指的是监督并运作一个全世界范围的灌装厂与分销商网络。

这三项能力共同作用，使可口可乐公司得以在超过两百个国家吸引数十亿顾客。该公司的成功秘诀，便是培养了消费者对其产品的渴望——在这个世界上，只有“可口可乐体系”（公司内部称谓）的产品可以应对这些渴望。可口可乐公司偶尔也会离经叛道，在业务上做出一些不符合其企业战略的举动，例如1982年收购哥伦比亚影业公司（Columbia Pictures），又在七年后将之出售给了索尼。但可口可乐公司总能回归到“可口可乐体系”之中。

在这一坐标图中，其他相对协调一致、业绩表现高于平均水平的企业还包括：百事公司及其子公司菲多利；最近被玛氏公司（Mars. Inc）收购的口香糖制造商箭牌公司；以及生产一次性纸尿裤、面纸和其他纸制品的金伯利克拉克公司。本书随后将对这些公司和他们的协调一致战略加以讨论。

接下来是宝洁公司。这家杰出的袋包装消费品生产商居于图2-1的中心位置，代表着图中所示各公司显著变化的平均水平（在坐标系中的走向为从左下到右上）。2000年初雷富礼（A. G. Lafley）担任首席执行官期间，宝洁公司的股价出现下跌，而这正是20世纪90年代末公司扩张野心遭遇失败的结果。（那时雷富礼被认为是一名相对年轻、缺乏经验的公司内部人士，由他来担任首席执行官，起初曾加重了公司的衰退。）宝洁公司当时制造并销售各类产品，包括尿布、洗衣与洗涤用品、保健与美容产品、快餐零食（如 Jif 花生酱、Crisco 起酥油、“品客”薯片等）、饮品（Folgers 咖啡、SunnyD 饮料）、食品添加剂（Olestra 蔗糖聚酯）、缓释热敷理疗产品（Therma Care）以及药品（如对应骨质疏松症的 Actonel）等。

如果宝洁公司的产品都能融入其历经几十年发展且颇具声望的能力系统，或许就能取得更大成功。该公司能力系统中有一项要素，便是以技术开发为基础的世界顶级创新能力，意在提供价格合理、延年益寿或是改善生活品质、畅销全球的产品（如“佳洁士”白牙贴和颇受欢迎的 Swiffer 拖把）。宝洁公司还拥有强大的国际市场营销能力，可以直面被相同产品品质所吸引的不同国家消费者。这一能力系统为宝洁公司高度一致的全球消费品产销机制奠定了基础，是除了佳洁士、汰渍和帮宝适等标志性品牌之外，宝洁公司的另一大法宝。

但该系统并不能与宝洁公司的所有产品相适应。举个例子，由于时间推移，随着商人们不断在超市货架上摆出价格更低、口味更多的产品，高度创新的食品和饮料很难牢牢占据一席之地。这一点尤其适用于“品客”薯片——尽管公司的能力系统推出了这种样式创新、形状不变的“筒装薯片”，并培养了一支忠实的拥趸队伍。此外，不同地区对于零食和饮品的口味也千变万化，所以宝洁公司的全球营销方式并不像在非食品领域那样一直有效，尤其是与那些能够更加轻易调整包装和口味并在宣传手段上贴近当地市场的竞争对手相比。更重要的是，宝洁公司的产品线催生了一个又一个强大的竞争对手，而自身各产品之间的差异又相对降低整个公司的协调一致度，导致公司的整体竞争力被拉低。正如雷富礼回忆道，“（宝洁公司的）人们不适应任何共同的战略目标。”按照雷富礼的说法，他的任务是决定宝洁公司要经营什么和不要经营什么。

在雷富礼及其继任者罗伯特·麦克唐纳（Robert McDonald）的主持下，宝洁公司出售了大多数需要其他能力系统支撑的产品。这其中包括公司的医药部门，以及大部分食品部门。有些被出售的部门甚至当时的运营状况十分良好。随后，雷富礼及其管理团队把精力都集中于增强宝洁公司最重要的能力，例如，通过从全世界汲取奇思妙想等开放式创新举措，提高产品研发的效率。他们还注重发展及获取那些能够利用公司独有能力的产品门类——比如 2005 年将“吉列”(Gillette)收入麾下。自 2000 年起，宝洁公司的股价翻了三倍；如今，公司新产品的商业成功率保持在 50%至 60%之间(2000 年时只有 15%)；而雷富礼这位“缺乏经验的公司内部人士”，凭借在各领域管理上的洞察力而声名鹊起，甚至在 2007 年获得美国管理学会“年度经理人”提名。

在协调一致度坐标系左下角的，是康尼格拉食品公司和莎莉集团。只需大体浏览一下它们的产品构成，便可了解个中缘由。这两家公司皆通过几十年间的收购，筑就了复杂的产品构成，它们的业务需要许多不同的能力来支撑。例如，在该项分析所涵盖的早些年间，莎莉集团的产品线由其自有品牌焙烤类食品、“棒球场”(Ball Park)热狗、恒适(Hanes)内衣、奇伟(Kiwi)鞋油、百利(Brylcreem)发品、蔻驰(Coach)箱包、贝斯特(Best’s)净肉等组成，包括大量食品服务运营类和其他产品类。多年以来，莎莉集团以分权化模式管理一切，因此维持着诸多各式各样的能力。餐饮类产品要求多变的样式与包装，以及强大的采购和供应链条，日用品和个人保健品则完全依赖不同的运作、营销与分销能力。而该公司因地域不同而变化多端的产品线，更增添了经营上的复杂性。所有这一切，均反映在公司相对较差的财务表现上。

在 2005 年就任首席执行官的布伦达·巴恩斯(Brenda Barnes)的领导下，莎莉集团开始寻求更多“协调一致的回报”。公司专注于自有品牌肉类、餐饮服务、咖啡和焙烤类食品，砍掉了大多数其他业务，以各类产品共通的能力为基础制定发展战略。

您或许会从中总结出，只有成为类似可口可乐公司那样依靠单一高利润产品线的大企业，才是实现高度协调一致的关键，并将这结论奉为成功诀窍——然而分析显示，并非只有这种规模的公司才可以享受“能力协调”带来的红利。类似箭牌口香糖(2008 年被玛氏糖果兼并之前)这样的小企业，以及宝洁公司这样的产品线纷繁复杂的大企业，同样拥有高度的协调一致性。总之，诸如大小、规模，甚至产品服务数目等因素，其影响力并不足以与公司对三项战略要素的选择相比。

一项对汽车行业八年情况的比较分析，得出了类似的结果。当能力与汽车品牌和市场细分相适应的时候，那些最具备长期协调一致性的公司——如保时捷(Porsche)、宝马(BMW)、丰田(Toyota)和本田(Honda)等——同时也拥有最佳的财务运营表现。

类似结果在其他行业也同样存在，如金融服务业、电信业和卫生保健业等。我们迄今为止所做过的每次调研，都观察到了"协调一致的回报"现象；任何一家根据自身"营销方式"、"能力系统"和"适当的产品与服务"制定发展战略的公司，都能享受到这种回报。

我们对于这一课题的研究仍在继续

若想了解更多信息 或是亲身参与 敬请点击

www. theessentialadvantage. com

价值的四个来源

"协调一致"缘何对保持公司的良好运营表现至关重要？它怎样在各行各业造就效益？我们发现，"协调一致"之所以能够创造价值，原因在于借助了四种独特的可量化的途径，即有效性、效率、集中投资和调整组合。

有效性

"能力驱动战略"的其中一个贯穿始终的效果，便是重新重视和持续改良公司业务中最具相关性的能力。随着时间推移，您的公司会在该效果最明显的领域变得更有效率。您可以通过“榨取”能力，对公司的经营方式和生产过程加以改善和发展。因为您的各项能力是在一个体系内相互补强，与竞争对手更为松散的能力组合相比，提升得更为迅猛。除了获得优良的经营表现，您还能掌握更多有关正确决策的技巧。这将在市场竞争中为您赢得先机；一旦您的公司占据领先地位，其他企业将越发难以赶上您的步伐。

让公司行为具备更多“有效性”，是您在与对手竞争过程中赢得“获胜资格”的关键要素。您的员工将会更加熟练，您的组织机构将会更加内行，您公司的盈利能力也会得到提升。由于您的公司可以为客户带来更多价值，所以后者会被您的产品和服务所吸引，于是您的市场份额得以扩大。这迟早会为您的公司在“有效性”方面更进一步：积跬步以至千里。随着被视为市场引领者和优质产品服务的提供者，您的公司将吸引更多更好的客户群、商业伙伴、雇员、管理人才以及长期投资者。通过对这一切的利用和借鉴，您公司的能力系统将得到更大程度的提升。这有助于您牢牢把握价值，实现竞争对手难以复制的成功。

效率

当您将公司能力更广泛地向更多产品和服务覆盖时，您将会从中得到更多价值。您对于每项产品或服务的投资都会更进一步。您完全有足够的资金来雇佣一只网络营销专家队伍，招募一位真正了解健康产业的高级副总裁，或是建立最先进的供应链——虽然建构能力所花费的成本非常高昂，但分摊到整个企业投资组合中还是可以接受的。公司业务中的次要部分，虽然无法单独负担如此高昂的成本，也可以分享这些能力。

基于公司营销方式、以较低成本调配部署各种能力，可以奠定价格优势，使公司获得更多利润，或者促进管理层向这些重要能力投入更多。事倍功半的情况也将会有所减少；您的公司将不太可能出现不同部门由于需求不同而各自配备独立信息技术团队的情况。同时，那些协调一致度较低的竞争对手，必须承受为每一项产品或服务单独配备相应能力而带来的成本。

集中投资

协调一致的企业结构可以充分有效利用企业经营者的资源、精力和时间。您可以将大多数资源、精力和时间用在需求最迫切的领域。通过对资本和成本进行更加谨慎有效的分配，您可以更侧重改善那些能够有效提高公司独有竞争力的能力，减少在加里·哈梅尔和普拉哈拉德所说的“桌面赌注”(“table stakes”，即所有市场竞争参与者都具备的必要能力和技术)上浪费精力。此外，您还可以避免那些有可能导致降低协调一致度的投资。举个例子，您不会让公司背负巨额应付账款；您不会向不必要的研发项目或是市场推广活动投资。投入多少，全凭实际需求而定。

这也是一个良性循环。随着您公司的雇员逐渐意识到集中投资对企业增长的重要影响，他们也会更加积极参与其中。例如，我们曾经观察过一些公司的研发会议，诸位项目负责人因某个特别想法而兴奋不已。然而随后有人指出：“等等。我们公司的能力系统不可能让这个想法转化为成功的产品或服务。”于是公司便不会为了一个不具备协调一致性的资金申请而浪费时间和金钱。同理，那些即使曾遭忽视或是抛弃，但符合公司发展战略的想法，也有重见天日的机会。

调整组合

当管理层提出一项战略，并将其明确表达出来，那么公司里的所有人在每日做决策时便有了一个共同的基础。整个公司，在相同的能力系统和营销方式下，不同业务部门和不同地区的员工协调一致。因此，他们互相之间更容易沟通，虽然各自做出决断，却总能保持步调一致。他们彼此更容易团结协力，共享资源。企业的决策执行速度和力度将得到提升，因为各部门不必担心会被同事的想法拖后腿。更具协调一致性的决策制定，成了您公司文化的一部分。由此，在面对规模较小或是协调一致度不高的竞争者时，您的公司就拥有了显而易见的优势。

这常常会带来一些令人意想不到的结果，其中之一，便是能够吸引并维持一支与公司能力系统相关的高素质专业人才队伍。这些训练有素的人才——如工程师、交易员、研究员、分析师、设计师、律师、医师，以及其他任何专业人士等——将在您公司种类繁多的产品、服务、业务领域，以及世界各地的分支机构找到机遇。这意味着他们将拥有更多机会获得晋升——这也会让他们在公司中更受重视，得到展示才能的广阔舞台，结识无数同仁，并借此提高声望，每天都获得满足感。如果招聘者和应聘者能够明白这一点，就能获得最优秀、最匹配的雇员或是工作伙伴。

上述全部四项价值来源彼此之间相互补强。"调整组合"让全公司员工更容易被团结起来，这使得每个人都能更有效地学习工作伙伴的经验。谨慎投入的价值观，让员工得以将自身能力用在公司的更多方面。用不了多久，您的公司便会沿着一条快车道高速发展，同时降低成本，达到前所未有的境界。

绝对协调一致与相对协调一致

若要享受这些回报，您的公司需要做出多少改变？当然，这取决于公司已有的协调一致度。毫无疑问，一家公司全心全意关注自身行业，将所有能力整合归并，组成专注强力的能力系统，并且能够摒弃那些不适合自身的产品和业务，他将很快能享受到"协调一致的回报"。

不过，您并不一定非要那样做。在许多情况下，那样去尝试很可能是不现实的。如果真想通过"协调一致的回报"收获价值，您只需做到相对协调一致：调整营销方式、能力系统和产品服务组合，做到比竞争对手更好即可。对任何一个特定行业而言，在所有其他环境条件完全平等的前提下，一家协调一致度更高的公司，通常要比协调一致度较低的表现更好。

关键在于对能力系统之中的要素作出艰难取舍。发展三到四项独有能力已属非常不易，更别说六项了。培养超过六项能力，在我们看来几乎是不可能完成的。普拉哈拉德和哈梅尔曾经得出相似的结论："很少有哪家公司能在五六项以上的基础竞争力上占据世界领先地位"。同样，某些公司也许经过深思熟虑制定了两种营销方式，且得到能力系统的支撑，但这样需要付出更多成本，还会分散精力，与专注于一种营销方式相比，获得的"协调一致的回报"更少。

您无需立刻将一切资源都投入某一种特定营销方式之中。考虑到现实存在的困难和阻碍，"一条路走到黑"或许是不现实的，尤其是就短期而言。所以，相对协调一致也是很有意义的。如果您已有两到三种营销方式，各自都有独立的能力系统支撑，而您的产品和服务也是与之相辅相成的，那么相比于那些拥有十几种彼此毫不相干的产品又完全没有公共能力系统支撑的竞争对手们，您将占据巨大的优势。

对于"协调一致"的追求是否置之四海而皆准？

在探索"协调一致性"价值的过程中，我们面对四大概念性质疑——这一战略是否适用于所有类型的公司呢？有人质疑协调一致性对于竞争激烈行业（如航空运输业和化工行业）的价值；有些人则提出，在全球环境下，许多公司必须在不同的地理位置开展经营活动，单一的营销方式和能力系统无法适用；第三类人士的观点很有代表性，他们质疑能力系统概念是否适用于政府强力干预且竞争方式与西方成熟经济体大相径庭的新兴市场。第四种质疑之声，以那些综合性大企业为例：难道这世上没有能经营多种业务、拥有多种营销方式、比经营单一业务的竞争者运作得更有效的公司吗？

在我们看来，这四种质疑是相同的，因为它们都包含一个隐藏的假设：即当今商业经营中的复杂交易是难以避免的。许多商人都认为，无论在行业、地理位置还是公司层面，他们必须带着“缺乏协调一致”的镣铐舞蹈。对我们而言，这些看似局限的东西，事实上正是战略机遇的信号。如果您的公司在跨地域扩张或是产品服务组合方面，正遭遇“缺乏协调一致”的困扰，那么您同样获得了机遇，因为您的竞争对手也面临着相似的困境。通过制定“能力驱动战略”，并朝着“协调一致”的方向发展，您或许能得到一个突破局限、重新定义公司经营与行业运作模式的机会。

让我们对这四大质疑进行一番更为细致的分析吧。

困境行业

迈克尔·波特关于某行业竞争结构与行业内公司盈利能力之间关系的警告，让许多企业经营者耿耿于怀。如果影响行业结构的力量“足够强大”，“强大到它在航空运输业、纺织业和酒店业所表现的那样，就基本上不会有哪家公司能凭借投资获取喜人的回报。如果这股力量足够柔和，就像它在软件业、软饮料制造业和化妆品行业那样，那么大多数企业都能获利。”

虽然波特费尽心力想要解释，行业结构可以被引领企业改变和塑造，但他的主张却时常被解读为有些行业具备先天优势，而有些行业原本就不可救药。如果您的公司身处竞争激烈的行业——或者与之相反，处在孤立于普通经济体系之外的垄断行业（如电力行业）——那么即便拥有独特的营销方式或是能力系统，也无法获得真正的优势。

您可以近距离观察航空运输业。该领域深受高运营成本、高人力成本、全球各国不同的监管体制和油价波动的困扰，在风暴、自然灾害和恐怖袭击面前更是无比脆弱。有谁能在这样一个行业赚钱呢？然而2009年进行的一次针对航空运输业的公众调查却显示，共有二十家航空公司拥有合理健康的财务状况。瑞安航空（Ryanair）、新加坡航空（Singapore Airlines）、易捷航空（easyJet）、亚洲航空（AirAsia）和美国西南航空（Southwest Airlines）等在榜单上名列前茅。尤其是美国西南航空、瑞安航空和新加坡航空，以适应自身服务情况的独特能力系统著称。它们不会去做不符合自身营销方式的事。同样，20 世纪 80 年代期间，炼钢业和制铝业被视为固有的周期性兴衰循环的行业，注定将进入低迷衰退期——然而以小炼钢厂见长的纽柯钢铁（Nucor）和保罗·奥尼尔（Panl O'Neill）治下的美国铝业公司（Alcoa）却以优异表现证明了该观点的荒谬。简言之，即便在一个竞争极其激烈的行业，您依然可以依靠协调一致的战略，让您的公司独树一帜，创造更多价值。

诚然，在许多商界人士看来，这些案例均属特例——因为有些“流氓”企业能够以某种方式摆脱困境行业的束缚。但是若以协调一致的观点来看，这些公司并非仅仅是摆脱了行业动态，而是找到了有效的营销方式。协调一致度得到提升的企业，通常可以通过改变行业竞争结构来创造价值。久而久之，借由兼并和收购（包括并购那些失败的竞争对手），产品和品牌通常会流向能力系统可以提供最佳支撑的公司——一般来说，此类公司愿意在收购符合自身能力系统的产品和服务时支付最高价格。由于能够将自己与竞争对手区别开来，大多数协调一致的公司都会占据市场的统治地位，从而吸引客户，造就与那些存在明显差异的竞争对手相比而言更为持久的优势。

消费品行业著名的市场营销战役——“尿裤之战”就是上述规律的体现。自 20 世纪 70 年代末开始，一次性纸尿裤行业出现了两大龙头生产商：发明“帮宝适”纸尿裤并于 1961 年将其推向市场的宝洁公司，以及凭借“金贝贝”纸尿裤于 1968 年打入该市场、1978 年启动畅销品牌“哈吉斯”，并于 20 世纪 80 年代初成为行业领导者的金佰利克拉克公司。两家集团在价格和产品创新（诸如尿裤搭扣、超薄尿裤、侧漏保护、舒适性改进等）方面竞争激烈。这为消费者带来了物美价廉的产品，但同时也限制了该行业的盈利能力。

然而随着时间推移,两家公司开始以各自的技术为基础,走差异化路线。一次性纸尿裤是一种非常复杂、具有高度技术依赖性的产品,集合了高质量黏合剂、废物处理化学剂,以及纸材、塑料和纤维纸浆叠层技术。纸尿裤必须完全贴合婴幼儿身体,吸收人体排泄物,保持皮肤洁净干爽,遮盖不良气味,防止泄露,与服装完美融合,并提升健康和舒适度。两家公司都向顾客承诺,自家产品拥有以上全部特性,但双方都在最终产品上强调自身独有的品质。宝洁公司的营销,着眼于纸尿裤防止更多泄露和意外情况的效果。支撑这一宣传的,是该公司可靠的能力系统,即超凡的产品技术和全球市场营销能力。而金佰利克拉克公司则更倾向于“体验式营销”。凭借与众不同的广告词,该公司与母亲们建立起更多感情层面的纽带,通过更多媒体渠道介绍产品,强调自家纸尿裤无与伦比的适用性、尺寸体系和舒适保障。

随着宝洁公司和金佰利克拉克公司分别建立了各自不同的技术与市场营销能力,这两家彼此属性差异越发明显的公司吸引了不同的客户群。而第三类客户,即最关注产品价格的购买者,则成了那些商店自有品牌的拥趸。最终,价格战宣告结束,虽然各自业务部门之间依然保持着高度的竞争,但宝洁公司和金佰利克拉克公司的盈利能力都得到了提升。由于竞争对手之间的相互媾和,在各自不同的营销方式和能力系统的驱动下,整个纸尿裤市场都得到了进一步发展。

如今,在特殊化工行业(即为墨水、涂料、颜料和溶剂等产品制造生产原料的行业),或许也会出现类似的情况。自 20 世纪 80 年代中期开始,在化工行业普遍状况不佳的背景下,这类公司面临着日渐成熟的市场、不断提升的商品化水平、要求更高的客户和新生的竞争者(在中东地区和中国涌现出的同类企业),此外随着化工行业创新率的整体下滑,也难有新产品推出。在这样的大环境下,加之利润低下和研发投入的减少,有时似乎除了打响价格战之外已别无其他选择。

但现在的企业经营者们已经很清楚,竞争有多种方式。有些企业,如信实工业(Reliance Industries,又译“瑞莱斯”实业公司)和利安德巴赛尔工业(LyondellBasel)等,属于低成本市场参与者,生产适合大批量运输的大宗化学品。而有些企业则生产定制产品:他们凭借现有产品为特定行业的特定客户提供定制服务,帮助这些客户解决特定问题——例如,为某家汽车制造商生产颜料和涂料,或是为飞机制造商提供增强热塑性产品等。还有一类企业的业务基础,是以客户为中心进行创新:特别针对客户独有的需求,设计所谓的“解决方案与相关材料”。

上述每一种营销方式,都需要截然不同的能力系统加以支撑。例如,在收购通用电气塑料公司(GE Plastics)的过程中,沙特基础工业公司(SABIC,Saudi Basic Industries Corporation)被迫从一个纯粹的市场竞争参与者转变成为一家定制产品供应商(以及某些领域的“解决方案提供者”)。有时候,这意味着公司经营上的重大转变或是全新的大规模投入。但那些注重此类营销方式而不是仅仅看中眼前商机的特殊化工企业,都已开始获取更多回报了。该行业的客户群分布情况相应改变;为迎合这些营销方式,行业的整体结构也出现了转变。

不同地理位置所带来的影响

主流行业普遍认为,对公司而言,全球化扩张不仅是一个颇具魅力的愿景(尤其是在新兴市场攫取高增长率),更是发展过程中必不可少的步骤。毕竟这是公司规模扩张的方式。但是,正如西班牙纳瓦拉大学商学院(IESE Business School)教授潘卡基·格玛沃特(Pankaj Ghemawat)在《重新定义全球战略》(*Redefining Global Strategy*)一书中所指出的,许多公司已经因为将“国界不是问题……在国际市场上竞争大概跟国内情况一样”推向实践而错失了大量价值。

我们赞同格玛沃特关于世界正处于“半全球化”(semi-globalization)状态的论断。换句话说,虽然通讯、金融和运输使得世界正变得比以前更“小”,国与国之间的差异却依然难以逾越。即便在同一地区范围内,如西欧诸国或是中东诸国,各个国家间在文化、劳动关系、劳动权力、政府政策和基础设施(包括物流运输取道)等方面的差异也非常明显。一家公司能否应对这些因素,很大程度上取决于其是否拥有当地具体情况所要求的能力。举个例子,一家电信公司不仅需要依靠当地的地面通信线路,还要受到严苛规章的限制。随着目标地区千变万化的环境,对于公司能力的要求也有所不同,而这种情况在国与国之间经常出现。基于以上这些原因,您公司在某些地区采取的营销方式,或许换个地方就不再适用了。

尽管如此,您也无需为各地分别建立不同的营销方式和能力系统。那些基于协调一致原则建立地区扩张战略(即向自身能力系统适合的地方扩展业务)的公司具备天然优势。例如,部分能够首先掌握新兴市场的公司,即所谓的“新兴蓝筹”,即便到一个新兴地区开展业务,也可以依靠在原籍国锤炼而成的能力系统,在别处成长为全球巨头。

总部设在墨西哥蒙特雷市附近的格鲁玛集团(Gruma SA)便是此类公司的典型代表。格鲁玛集团在墨西哥国内生产玉米粉及其相关产品,但在国际市场上则是运用自身能力——使用各种面粉制作畅销的饼类食品——在食品加工行业取得了巨大优势。该公司在拉丁美洲地区销售玉米饼,在印度和英国销售印度烤饼,在北京销售米卷。2006 年,格鲁玛集团斥资一亿美元在上海建立了一家生产基地,向日本、韩国、新加坡、泰国、菲律宾和中国销售饼类食品。

“第一步,”格鲁玛集团主席罗伯托·冈萨雷斯·巴雷拉(Roberto Gonzalez Barrera)曾经表示,“我们将向中国内地市场供货,逐步将市场范围扩展到欧亚交接的中东地带。对我们而言,这是一项长期投资项目,将为公司带来具有战略意义的全新商机”。正如我们将在第七章阐述的,这种重视能力(对格鲁玛而言就是先进的制造工艺,以及面粉和饼类食品等产品的市场营销能力)的战略可以为企业扩张提供更好的助力。与之相比,传统的“向相邻产业渗透”(例如生产包含玉米卷的速冻食品)的思路则要求企业具备大量不同的能力,这是不足取的。

而总部设在北京的运动品牌李宁公司,则是企业将自身独特能力与谨慎的地域扩张相结合的另一个典范。公司同名创始人李宁,是中国著名的奥运体操金牌选手。李宁公司将海外扩张的首批目标定在了法国和阿根廷，而支撑这一决策的便是其创始人在中国市场精心培育的各项能力：迅猛的产品宣传，低成本的制造，紧跟时尚潮流的设计，以及大胆而富有竞争精神的、与体育密切相关的市场营销(李宁公司特别热衷于赞助外国运动团队，其中包括阿根廷、西班牙和美国等国的篮球队)。公司最具曝光度的市场营销行动，亮相于2008年的北京奥运会——当时李宁本人点燃了开幕式主火炬。虽然该公司本身并非北京奥运会赞助商，但当媒体介绍李宁的时候，全世界观众都听到了：他是李宁公司的创始人。这对斥资数亿赞助奥运会和市场营销的阿迪达斯(Adidas)来说，是一个沉重的打击。在随后的2010年，李宁公司在美国开设了第一家专卖店，店址选在俄勒冈州的波特兰市——那里可是耐克公司(Nike)的主场。

另外一个来自中国的案例，是世界顶级电信系统制造商和网络设备提供商之一，华为集团。这家创建于1988年最初只服务于中国市场的公司，于1996年从香港起步，开始了跨地域扩张。华为集团为新兴市场生产的交换机和路由器设备，从技术上说只能算是"还过得去"，但这些产品价格低廉，紧跟时代潮流，而且投放市场的速度很快。华为生产的设备品质在数年间逐渐改善，且打入了工业化程度更高国家的市场，但其依然保持着低价战略和市场竞争参与者的角色。尽管这种营销方式有时会招致竞争对手关于侵犯知识产权的指控，但从净效应上来说，却提升了世界各地廉价电信通信设备的标准。

简言之，当一家公司向那些符合自身营销方式和能力系统的地区扩张时，协调一致的意义便会越发重要。企业经营者在考虑跨地区扩张时，应当选择凭借自身独有能力可以取得获胜资格的地方，而对于那些要求公司不断熟练掌握更多技能、以求"吃遍天下"的增长战略，要抱以怀疑态度。随着市场继续走向全球化，各地客户更多地接触到海外的信息和商品，对于企业自身长处保持清醒认识也变得越发重要了。为了以更低成本享受更高品质，客户们将会倒向那些能够提供更多价值的产品——这就是说，协调一致度更高的公司将拥有更强的吸引力。

新兴市场

有时人们会问，对于企业协调一致度的需求，是否适用于巴西、印度和中国这样的新兴市场。此类国家是企业发展的典型“热土”，面对机遇，新创业者必须快速果断地做出响应。从表面上看，这些企业似乎无法安下心来，去关注单一的能力系统和营销方式。这些国家的政府部门也十分高效强势，倾向于使用特有规则来调控市场；企业若想获得成功，除了仰仗与业务本身相关的能力，似乎更需要与主要官员建立良好关系，选择接受政府保护的行业加以经营。如同许多正在打入新兴市场的外国企业所发现的那样：它们必须与当地高度企业化的，或是享受政府特授权限的公司竞争。既然如此，为何还要为提高协调一致度而劳神费心？

但在我们看来，这种观点会令人误入歧途。在新兴市场，协调一致的能力系统和营销方式比它们所给人的第一印象更重要。在这些地方，能力系统并非总像是欧洲或者北美的那种情况，但它们同样专注而独特，是与某种营销方式相呼应的。举个例子，当英国百货公司乐购(Tesco)进入泰国市场时，它发现自己很难像在英国那样远距离供应生鲜农产品。考虑到泰国拥堵的交通和维护不良的道路，使用传统的冷藏车辆是行不通的。对于特斯科而言，建立另一项能力更加有效：将每一处店面附近的种植户作为生鲜农产品供货商。这成了特斯科在泰国扩张战略的关键要素之一，执行得非常成功，使特斯科成了泰国最大的连锁食品销售商。后来，该战略被印度零售业巨头信实集团模仿，并引入印度市场。

许多进入新兴市场的公司企业，基于对当地市场的深刻理解提出自身战略，并以此参与竞争，这一点是大多数外来企业(或是当地企业)难以企及的。它们独有的能力，不仅包括应对政府监管，还包括配送、劳务管理、游击式营销和廉价的本地化创新等。一个典型的例子便是全球连锁餐厅肯德基的大中国区业务部——从某种程度上说，它很像是一家独立运营的公司。正如谢祖墀在《中国战略》(*The China Strategy*)中提到的，虽然肯德基来自另一个大陆，其所销售的食品(如炸鸡等)最初被认为与中国文化格格不入，但它依然是中国最成功的连锁食品零售商之一。肯德基花费十年时间，才发展出在中国谋利所需的能力，包括建立并持续改良符合中国人口味、风俗和习惯的菜谱。其他关键能力包括专门的物流与配送网络——这在20世纪90年代末的中国并非易事。此外，肯德基还在厨具(以便提供除油炸食品之外的其他选择)和其他就公司本身而言独具特色的技术方面加以投入。谢祖墀指出，肯德基大中国区总裁苏敬轼(Sam Su)对于中国文化和餐饮业的谙熟，对于公司的成功发挥了举足轻重的作用。按照苏敬轼手下一位经理的话说，即便是在今天，"一名本地经理人若想深入掌握西式快餐厅的经营方式，也需要五年时间"。

不少在新兴市场经营的公司都以"操作规章制度"为营销方式。它们以政府部门的规章制度和监管形势为基础(并施加影响)，设计自身追求成功的经营策略。"规章制度操作者"存在于包括工业化经济体在内的世界各地，以卫生保健和电力行业等领域较为常见。但有一点很重要，需要企业经营者们牢记在心：即便是最具垄断性或是监管最为严格的体系，最终或许也可能放松管制。资本的力量是非常强大的。当放松管制那一刻来临，形势将瞬间发生改变，出现严重的混乱局面；市场份额将很快重新分配，届时拥有更好能力系统的公司将取得胜利。

俄罗斯移动通信运营商维佩尔通讯(VimpelCom)对此有着亲身经验。俄罗斯电信业私有化之后的2003年，该公司加入了市场竞争的行列。继任公司首席执行官的亚历山大·伊佐西莫夫(Alexander Izosimov)，在回顾这段时期时曾说，公司80%的市场份额都是在"高速发展期"(他是如此称呼这段短暂而狂热的过渡期的)奠定的。"那是一种要么毁掉你的公司，要么变得强大的体验"，他如是写道。2003年，公司处于俄罗斯国内的高速发展期，"每一次会议都是危机会议，每一项决策都是在恐慌中做出的。"如果是那些对自身营销方式保持清醒认识，并且拥有竞争所需能力的公司，在此类(或是其他任何)突发性转折出现之时，会远比对手更有优势。

复杂的综合型企业集团

许多大型公司早已涉足诸多主营业务领域，其中有些领域，凭借公司自身实力便可维持数十亿美元的业务规模。在这样的现实背景下，难道每一家公司都必须以单一战略（单一营销方式、单一能力系统，以及相对应的产品和服务）约束自己吗？难道某些综合型企业集团没有显示出多元化经营的能力吗？比如说通用电气、德事隆集团（Textron）、美国联合技术公司（United Technologies Corporation）和塔塔集团（Tata）等，都是基于扩展不同业务制定战略，并以独有的管理模式——如运作实力、领导力开发、有效的资本分配、企业文化和企业规模与声誉带来的影响力等——将这些业务有机结合。难道这些业务结合起来，反而不如单打独斗更有效吗？

也许是这样。但在我们看来，一家企业能给下属部门提供的最大的帮助，便是一套能力系统。将公司做大，尤其是在规模上，本身并不能增加这一帮助的力度，从长远看也未必能在市场竞争中占据先机。企业必须证明，业务部门作为其一部分所得到的好处，要远超过各自为战单打独斗造成的损失。（而众所周知的“多元化折让”则是股市寻求同样证明的表现。）

虽然许多人将通用电气视作综合型企业集团获取成功的典范，然而该公司的巨大优势之一便是相对协调一致。1981 年杰克·韦尔奇（Jack Welch）就任通用电气首席执行官后，将公司的产品结构从 150 个门类精简至 15 个门类。通用电气在企业管理方面著名的创新举措，诸如“运动”（Workout）和“六西格玛”（Six Sigma，又译“六标准差”）等，被应用于公司的所有业务部门，提供了其他综合型企业集团所缺乏的聚合力。韦尔奇将这种“协调一致”的形式称为“整合性多元化战略”（integrated diversity）。该战略使得通用电器比当时它所要抗衡的其他大型公司更具竞争力——虽然大多数竞争对手的产品与服务范围更窄，但协调一致度也更低。

近年来，通用电气旗下的工业类业务部门（如医疗系统和工业设备等）一直都比服务类业务部门，如通用电气金融（GE Capital）、基德皮博迪（Kidder-Peabody）、美国国家广播公司电视台（NBC-TV）等表现更好。通用电气的高管队伍也更乐于多向工业和制造业，而非金融服务业和零售业投资。这些是否预示着，通用电气"协调一致"的基础，在于那些更适合工程密集型业务（如霍尼韦尔、3M、库柏工业等通用电气高管队伍成功运营的公司或部门），而非服务型业务（如家得宝和 Conseco 等通用电气高管曾经担任首席执行官，却最终被迫辞职的公司或部门）？

我们怀疑，对于类似通用电气这样业务面极广的企业集团，维持业务部门之间的协调一致度，将会越来越困难。此外，与杰克·韦尔奇掌舵通用电气时的全盛期相比，商界已经发生了变化；如果您是一位拥有多项业务的大型企业集团的领导者，无疑将面对比以往更强烈的关于协调一致度的竞争。如果您有兴趣了解自己公司的协调一致度，可以从两个方面入手。

您可以先从某个单一业务部门开始，创造一套"协调一致体系"，即由该部门独有的营销方式、能力系统和产品服务组成的独立体系。然后，开始探索如何将"协调一致"推而广之，通过职能部门和相关的产品与服务，直至公司的其他部门。这将提供一个平台，供您思考哪些业务符合企业自身，而哪些业务或许更适合别的环境，以及个中缘由。

或者，您也可以依照公司架构，建立一套自上而下的体系。您可以自问一番：在同一家企业保持所有业务的价值何在？这些业务或许已经在分享诸如人力资源、金钱、公共关系、法律等各项资源，在您看来，这些或许代表着某种形式的聚合力。然而这些是不是将您的公司与其他对手区分开来的独特能力呢？各项能力彼此之间是否相互补强，能否支撑一种独有营销方式？如果您白手起家，是否会选择它们构筑能力系统？简单说来，这些能力此时此刻是否适宜被各个业务部门分享？如果这些能力具备广泛适用性，那么对您的公司而言，“业务多样”所带来的红利（如果真的存在）或许就近在眼前了。让企业所属业务部门都能成为拥有不同营销形式和能力系统的独立公司，是“能力驱动战略”的一种形式。而这或许也是您所追求的目标。

通向价值的道路

面对“缺乏协调一致度”会导致的复杂局面，以及追求“协调一致”所需做出的必要选择，每一家公司都会找到属于自己的道路。然而，在制定计划并开启这一旅程之时，还需要注意一些普遍原则。

在下一章里，我们将讲解建立“能力驱动战略”的基本过程与阶段步骤。沿着这条道路前进，您公司的协调一致度将得到提升，从而变得比竞争对手更加协调一致，并相应赢得更多价值。

第三章　能力驱动战略

我们所说的“协调一致”(拥有团结均衡的营销方式、一套能力系统，以及一系列产品与服务)，对于大多数正常经营状态下的公司而言，是一个需要经历数年方可达到的最终目标。能力驱动战略让这一过程加速完成。

与所有常见的创新举措一样，这一过程从一开始便需要业务主管(如果可以的话，还应该包括董事会)的密切参与。由于“执行力”在整个过程中意义重大，所以公司的其他部分也需要引入这一能力。公司各部门每天所作的数千条决策，既有可能提升公司的协调一致度，也有可能与之背道而驰。只有通过让您的营销方式建立起广泛的认知度，并且更加充分地利用公司自身的能力系统，才能让您的公司获得基础优势。

为了完成这一目标，您将要同时应对公司复杂组织架构中的各个方面。您要清楚地体察公司所面临的局势，借助战略眼光，运用科学方法，以假设的方式列出可能的战略方向，并逐一加以检验，然后作出抉择，组织整个企业全力以赴沿着最终选定的道路发展。您需要为增长扩张、成本控制、兼并收购等建立战略，让这些行为之间彼此助力，而非相互掣肘。公司需要一步步发展，每一步都是为了下一步而提升能力。数月之内，您便可以达成只有少数公司耗费数年时间才能达成的目标——就如何满足客户需求做出明确选择，并在这一过程中改变公司的面貌。

一家公司如何改变自身

20世纪90年代中期，总部设在密尔沃基的汽车元器件制造商江森自控，为此类实践首开先河。当时，江森自控共包含四大主要业务部门。第一个是生产节温器等产品的控制元件部门，第二个是塑料容器事业部，第三个是汽车电瓶事业部。第四个部门，是一家为摩托车生产鞍座的小型企业，即1985年并购的胡佛环球公司(Hoover Universal)。被江森自控收入麾下之后，胡佛环球改名为汽车系统公司(Automotive Systems Group，简称“ASG”)，并得到了飞速发展，十年间平均每年为八百万辆汽车生产座椅。

对于这家坐垫生产企业而言，现有的营销方式就是打低价牌(即所谓的“价值玩家”)：通过在主要汽车制造商的座椅项目竞标中取胜，急于获得市场份额。江森自控通过提高制造和物流的效率和速度，大大提高了座椅产品的附加值；此外，公司短期内在劳动力储备方面还拥有相对优势，其座椅产品与车辆制造商本身的产品相比成本更低。同时，江森自控亦是一家“无库存”(即为了减少原材料等物品的库存，只有必要时才进料生产)供应商，有着一套依顺序生产和运输汽车座椅的操作规程，所以其产品在生产过程中无需排序，只需在流水线上按照每辆车的蒙皮、颜色与其他要求进行加工即可。这一能力连同其他能力，使得江森自控将丰田汽车发展为客户之一；这一合作关系后来又让江森自控学到了世界顶级的丰田式生产体系，从而进一步提高了公司的能力水平。

然而在1994年，江森自控的管理团队以更宽广的视角重新审视了自身业务。他们意识到汽车座椅市场正在改变，这既创造了新的机遇，也带来了新的挑战。美国底特律和日本的汽车制造商们对外采购的范围，已经超越了零部件和元器件本身；它们开始希望像江森自控之类的供应商能够提供整套汽车子系统。这些汽车企业已经不再提供加工规格让供应商“依样画葫芦”，而是公布新款车的重量、体积以及其他标准，让江森自控这样的一级供应商承担更多责任，设计座椅系统并将这些设计付诸实践。

在接下来半年的大部分时间里，面对与以往不同的供货方式，江森自控汽车座椅业务部门的负责人们曾经一度不置可否，意在观察其对自身行业的影响。虽然各地区与各家汽车制造商的“逆向一体化”程度多有不同，但这一趋势正迅猛发展。基于这些不断变化的市场行情动态，江森自控的经营者们发现了汽车座椅行业四种不同的营销方式。按照角色重要性和责任程度（以及风险系数）从低到高排序，四种方式分别是：

- 零部件提供商：江森自控可以试制并测试汽车制造商设计的座椅，运用零库存生产、过程控制和快速反应等能力，保持对客户的吸引力。

- 系统装配商：江森自控可以依照详细规格制造座椅，生产并测试整个座椅系统，提高零库存生产与产能规划等能力，严格筛选上游供货商，并建立“产品零缺点”的口碑。

- 系统集成商：江森自控可以为座椅部件制定接口标准，将产品的生产和设计与下级供应商结合，发展新技术，并以战略采购和集成化配送等能力为基础。

- 解决方案提供商：江森自控可以“依照概念进行设计”——基于市场需求提出备选设计方案，有前瞻性地进行产品创新，并（通过承担产品质保责任）自行承担由产品性能导致的风险。

江森自控的高管们并未立刻做出抉择，而是对这些选项本身以及通过每个选项取得成功所需的能力进行了一番分析，随后作出了选择：他们决定通过提升价值链，让公司成为解决方案提供商，来增加有效价值，为最终用户的舒适享受和解决日常问题承担更多责任。这将成为该公司的最佳营销方式。通过提前介入诸多车辆平台的设计流程，江森自控可以充分发挥自身优势，如技术特长、规模效益，以及对所谓“黄金臀感”（“the golden butt”，汽车制造商偶尔会使用的一种称谓，即消费者对于汽车座椅最首要的需求）的理解等。

那么成为一家解决方案提供商，就是汽车座椅行业唯一可行的营销方式吗？并非如此。其实，江森自控的主要竞争对手——麦格纳国际公司（Magna International Inc.）和李尔公司（Lear）仍然继续以系统装配商和系统集成商等营销方式在市场中运作。

为了在选定的营销方式下取得成功，江森自控必须围绕一系列关键能力建立一套系统能力：

• 客户管理：引入咨询式营销，从而以适当的价格推销有价值的解决方案。

• 前期工程设计与策划：以低价推广技术领先产品，在设计上主动创新，而不是等待客户的引导或是要求。

• 储备技术：这是江森自控之前从未发展过的一项关键能力——将一个方案的设计沿用至下一个方案，从而提升产品开发的规模和范围。

• 集成化的无库存配送：提升江森自控现有的精益生产能力，扩展营销网络。

• 扩展企业：以战略眼光进行垂直整合，使得江森自控与其规模较小的二级供应商之间合作所造就的价值最大化。

这些能力即使单独来看也都很重要，结合成一个整体之后更会发挥令人无比敬畏的作用。为了以解决方案提供商身份在竞争中取得胜利，江森自控需要更加强化客户管理和早期工程设计与策划两项能力。而为了在这一过程中获利，公司需要发展强大的储备技术能力，以便沿用已有设计方案。为了执行该战略，公司需要在集成化的无库存配送和扩展的供应商关系方面保持现有的领先地位。了解了这一系列能力之间的彼此关系，便会迎来梦想成真的时刻：江森自控比所有它的客户都更适合设计汽车座椅——通用汽车（GM）、克莱斯勒（Chrysler）和丰田等，都只有为自家汽车产品设计座椅的经验。江森自控的工程师们都是行业专家，他们所见过的座椅比任何人都多。如果他们能够共同努力,持续发展这五大能力,就能像游泳之王菲尔普斯(Michael Phelps)那样,在行业竞争中获得一骑绝尘的优势。

江森自控管理团队也知道,自身为了实施这一新战略需要作出多大程度的改变。大概一两年前,公司开设了一家汽车座椅设计与开发中心,意在向产品创新投入更多。然而该中心一开始并未取得盈利。回顾过去,有一个显而易见的原因:长久以来,江森自控习惯于重复研发,从零开始为每一种新车平台设计全新的座椅。如果能将一种汽车座椅的设计理念和技术解决方案沿用到另一种车辆平台上,成本将会降低许多。现在,江森自控的工程师们将不得不放弃曾经的重复设计方式了。

公司还必须作出决定,座椅上的哪些零件由自己生产,哪些零件对外采购。例如,高层团队曾就座椅的机械调节装置(即由一系列马达和开关组成、决定座椅移动和升降方式的调节部件)存在长期争论。区分不同机械调节装置的,究竟是(江森自控移交给供应商的)尺寸规格,还是金属与机械的形状?最后,江森自控决定自行生产座椅机械调节装置,并将其细化为公司产品线的一部分。

当公司战略付诸实践之时,江森自控将其坚持到底。即便有些决策代表着与过去的某些经营套路决裂,但以整套解决方案提供商身份参与竞争的营销方式,却被公司经营者们坚持了下来,公司得到了相应的发展。

这一结果在公司股价和收益率上表现杰出。江森自控的市场声望和管理信誉骤然飙升,使得公司业务从汽车座椅扩展到汽车内饰设计领域——这是一次非常好的业务升级扩展,因为汽车内饰设计也需要相同能力系统的支撑。为了完成这一目标,江森自控于1996年并购了最具声望的汽车内饰设计公司之一——王子汽车公司(Prince Automotive)。随着时间推移,公司的收入稳步快速增长,江森自控在汽车内饰市场上成功确立了持久的基础优势。

作出选择的过程

江森自控的故事，是“能力驱动战略”的绝佳典范。通过这一范例，我们可以看出“挑战”如何为企业带来全新希望：面对挑战，企业应当瞄准一个能够代表自身所追寻的前进方向作为全新目标，而不是简单被动地应付或是裁减业务。因为任何一个业务部门都无法单独设计一套营销方式、能力系统和相应的产品与服务体系，您必须像江森自控那样，努力做到协调一致：

- 了解自身需要作出的选择。通过调查与分析，您将更加明确地理解市场(包括您的客户与竞争对手)、您公司的潜在增长方式，以及您公司的能力。您应该先学会假设——预想为公司引入全新营销方式之后可能面临的状况——而不是仓促作出决定。

- 深入评估每一种营销方式。假设哪一种营销方式可以为您在市场上赢得获胜资格？对于每一种营销方式而言，需要何种能力支撑才能获得成功？实施这些营销方式，需要资金方面如何支撑？风险如何？这些假设的营销方式之中，终有一种或者多种会成为您确定公司战略方向的基础。

- 选择一个方向，一种单一的营销方式，以及一套能力系统，作为您公司发展战略的基础。对于公司的执行团队和主要利益攸关方(很多时候还包括董事会)而言，这是一项意义重大的操练。在选择这一方向的过程中，您可以开启一种新的经营方式；因此您必须全心全意投身其中。

- 着手公司进行变革。您应与公司其他领导者一起，就下一步的投资方向共同做出艰难决定。您应该设计并传达具体的实施步骤和整合行动，以建立或配置必要能力、强化并执行新的业务发展方向。您应当首先向协调一致靠拢，剥离一部分业务，并重塑其他业务，在“关键时刻”发声，增进公司同仁对于即将到来的变革的普遍认识。

- 让您的公司发展成为那种与时俱进和始终保持协调一致的企业。您应当持续与公司各级员工沟通，并发展那些有助于推动这一战略的业务和合作关系。

图 3-1 以示意图的形式展现了作出选择的整个流程。虽然对不同

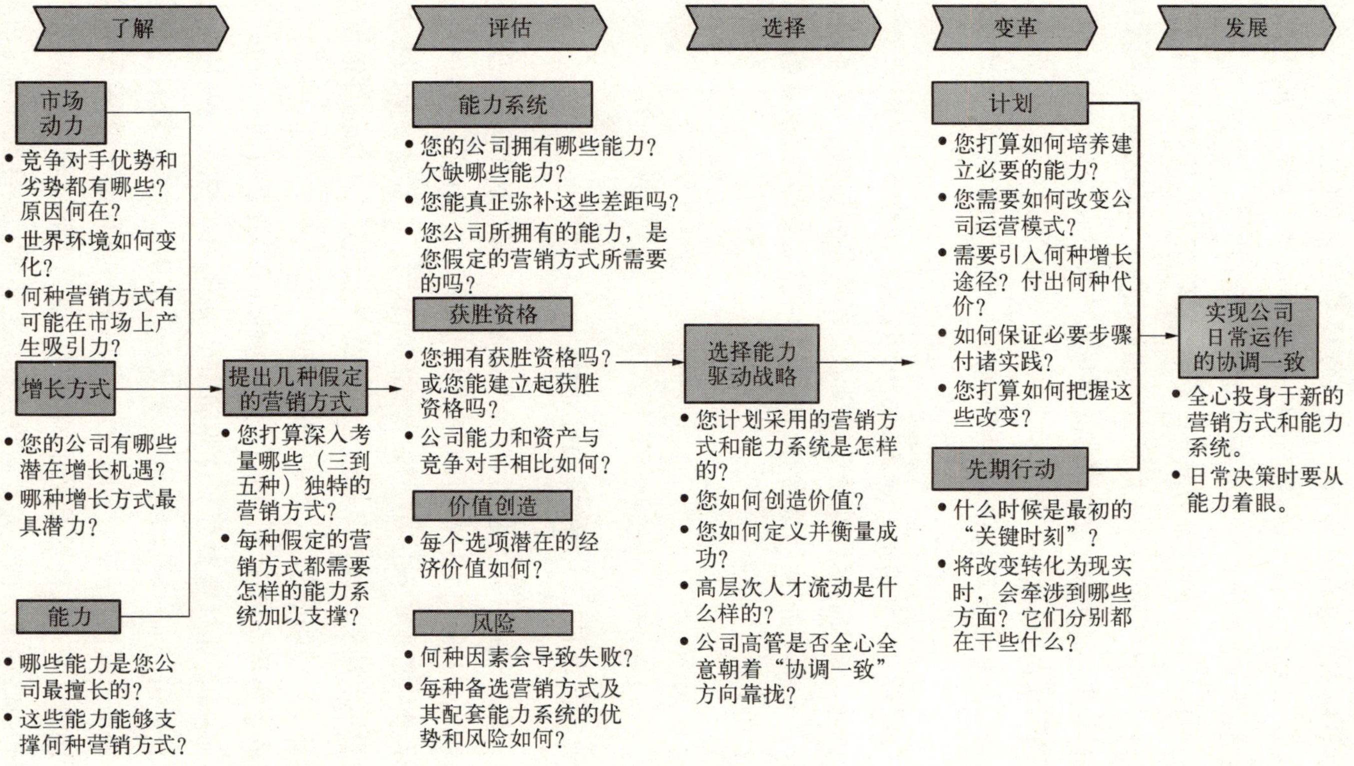

图 3－1　能力驱动战略概述

来源：博斯公司。

公司而言，具体细节也有不同，但一些关键要素是共通的。在前三个阶段，您需要面对选择：通过对自身情况的了解，您可以假设数种营销方式，接下来您需要进行分析评估并缩小范围，然后像江森自控的经营者们那样，为发现自身独有的潜力做准备。接着，在后两个阶段，您将真正作出选择（对公司进行变革），并按照所选的道路走下去（促成公司的发展）。

您将看到不同团队（由精心筛选的项目负责人组成的核心团队、由高管组成的高层团队，以及公司各个部门的其他雇员）之间在这一过程中密切交换意见。关于这一过程及其步骤的更多细节，我们将在第十章展开讨论。

这一过程可以是某项重要业务部门层级的（如江森自控的汽车坐垫事业部），也可以是大型综合性企业层级的。无论是何层级，其基本步骤都大体相同（当然，在企业层级会有一些特别情况需要考虑，这些将在第十章加以讨论）。

克服导致“缺乏协调一致性”的动因

一旦您作出选择并全力执行，便会开始朝着协调一致靠拢，提升公司中最有效率的业务部门、品牌以及服务的地位。当然，这样做或许也会导致一些令人伤脑筋的结果。比方说，考虑到您公司目前着重发展的能力，您原计划明年启动的四大产品创新也许已经毫无意义了。您也许需要在其他投资已经启动的情况下，亲自停止这些项目。

反复的趋势将会很强烈。所以，了解这些导致“缺乏协调一致性”的动因从何而来，是非常重要的。这些动因之中，有些与您公司的历史相关。大多数公司，无论规模如何，都有着复杂的历史。它们的发展过程混乱且缺乏协调一致性，混迹于不断变化、前后不一的商业环境，并受到自身内部特性的影响。此种发展轨迹，会造就一系列内容各异的思维定势、行为流程和战略局限。许多人甚至将这些缺乏协调一致性的行为简单理解为“我们在这里供职做事的方式”，这一习惯已经“扎根”于他们的内心。

举个例子，为改善“客户洞察”而付出努力，看上去理所应当且值得赞美——然而这些努力，会导致某些业务部门负责人匆匆扩展产品线（“因为消费者有需求”），而不提前考量新产品是否适合本公司的能力系统。追逐行业标杆，或许会让某些职能部门领导提出向配送网络追加新投资（“因为竞争对手拥有更大的网络”），而忽视公司现有的配送网络——虽然它不一定是最棒的，但更适合您的营销方式，将资金投到其他方面或许更加妥当。“落于人后”的恐惧也许会让某些高管说出“我们的客户都被数字媒体吸引走了，我们必须找出新的营销方式”这样的话——然而对于公司所在行业而言，数字媒体营销并非是最吸引客户的模式。一味追求为某种新产品（新服务）争取潜在客户群，可能会造成并不符合实际情况的盲目乐观，因为您公司凭借现有营销方式在新的市场未必能取得成功。

某些导致“缺乏协调一致”的动因——或者，更确切地说，某些不利于一家企业与“缺乏协调一致”作斗争的因素——可能直接来自外界的利益攸关方，如政府主管部门、供应商、客户，尤其是股市（如华尔街）。无疑，从长远看，资本市场会将资金投向协调一致度更高的公司。但从短期看，缺乏协调一致（如为求暂时的盈利增长而全面控制成本）的公司却常常获得外界的较高评价。如果您的公司也在玩这种把戏，那么您的股价或许会在短期内上扬，但随着时间推移，最终只能走向下跌。相反，如果您决定放弃某些高度盈利，但不适合您营销方式或是能力系统的业务，外界的利益攸关方也许会表示反对。这些利益攸关方可能不会意识到，他们的行为会扰乱您公司的其他业务。

您或许也曾偶尔被此类业务本身所诱惑——尽管它们并不适合您的能力系统或营销方式，但看上去却像是扩展经营区域或是开发新产品的“必然结果”或是“必做之事”。有时，做出此类不必要的行为，也许是害怕“尝试其他东西可能带来失败结局”。经济形势良好时，您可能会低估这种增长策略中“缺乏协调一致”的风险，因为不良后果暂时不会表现出来，而是被整个行业的普遍增长所掩盖了。

这类经营策略之所以给人以错觉，部分原因在于具备历史沿革性的优势。首先开发出某种新产品或是把握住某种特定有利条件的公司，拥有短暂的“先行者优势”。占据最大市场份额的公司具备规模经济优势。事实上，这已经成为增长动力的一部分，所以公司争先恐后地想要在股票操作、客户范围和配送渠道等方面占据优势。与此类似，在对待客户方面最为用心的公司，通过市场研究和市场细分等手段，可以最大限度地满足客户的需要。

但规模优势和“先行者优势”等，近年来已被弱化。在技术、廉价信息以及业务外包等因素的共同作用下，曾几何时由企业规模树立并维持的市场竞争门槛已然降低，而许多制造类行业的最低有效规模也得到了大幅度缩减。将一时的市场需求转化为战略，是大多数已有行业鲜见成功案例的原因。这并不是要让公司忽视市场信号，所有战略的制定都需要考虑市场的实际情况。但公司应当同时考虑两方面，一是外部的市场期望，二是自身持续有效满足这些期望的能力系统。公司战略的焦点，应该是这两方面的交汇点。

随着您开始向“协调一致”靠拢，您和您的公司都将远离这些导致“缺乏协调一致”的恶习，通过采取真正有意义的行动，全心全意争取成功。由于公司内部和外部的某些人无法直接认知您战略中的逻辑，这就需要您对他们解释清楚。这些人可能包括董事会成员和部分高管，还有雇员、投资者、客户和供应商。您需要不断学习如何清晰地用相同的语言阐释您的营销方式及其基本原理，并且让您公司里的其他同仁也达到同样水准。

充分利用您公司业已拥有的协调一致度。我们见识过的每一家公司，都拥有一定的协调一致度，可以在改革之初便加以利用。21世纪初，宝洁公司和3M公司都曾在内部研发方面投入巨资，这是因为：每家公司从一开始就高度重视创新能力，但在广泛配置方面做得还不够。通过推广普及这一概念（比如说宝洁公司的“联发与协作”项目），可以鼓励公司内部人士，让他们考虑将本部门的创新体系扩展到更广泛的产品与服务领域。

利用每一个增长项目、每一次压缩成本，或是每一条职能策略，加强您的营销方式。比方说制定一条政策：您的公司只采纳那些独具特色、与自身营销方式相适应的能力，而不论其原本属于哪个特定行业。每一次外包业务时，都要依据“协调一致”原则加以考量：这项业务所涉及的，是公司应该保持的独特能力，还是可以购买到的能力？对于共享服务也要以相同的思路进行评判。哪些工作与独具特色的能力相关联，从而需要最多投入？当您对公司职员进行提升或是调动时，除了其他因素之外，您还要考虑这样做会对公司关键能力造成何种影响。

想办法了解并解决那些将公司引向“缺乏协调一致”的动因和习惯性行为。举例来说，授权职能部门负责人，让他们优先考虑与公司既定营销方式和能力系统相关的需求。避免使公司的营销方式和能力系统成为“一切行为责任”的替罪羊，这样各业务部门才能得到支持，或是在成本压缩过程中免遭裁撤。

在第十二章中，我们将更进一步探讨公司领导者这一角色。目前，您只需记住圣雄甘地的一句名言就够了：“要想改变世界，必先改变自己。”如果您能率先做到这一点，那么别人会将您视作“协调一致”的榜样。这是您的责任——而且，您或许还会发现，这也是您的乐趣所在。

开始行动

一开始，请完成一份关于您公司协调一致度的测验（表 3－1）——这是一份对您公司执行团队思路和行为之中现有协调一致度的诊断分析。您和您同仁们的观念都将受到挑战。无论您现在心目中最棒的产品是哪一种，增长最蓬勃的市场在何方，或者说您最大的竞争对手是谁，做过这份测试之后，您或许会因为自己观念上的改变而感到惊讶。

这份测试将让您对自己的处境有个更加完整的了解。在阅读接下来六个章节的过程中，请将这些记在心底，我们将在第十章重新复习。您可以多次重复这一测试——它是您在追寻“协调一致”的过程中衡量并把握公司动向的重要工具。

表 3-1　协调一致度测试

以小组形式，尽量真诚而直率地讨论这些问题。这一测试之所以大有裨益，是因为可以得到不止一个人的看法。问题分为两部分，表明“缺乏协调一致”有两大来源——其一是公司战略层面，其二是公司运营层面。请您诚实作答，您的答案中“是”的数量越多，您公司的协调一致度就越高。

我们能否说清	我们能否贯彻
营销方式	
我们是否明白如何在市场上作出抉择并创造价值	我们是否投资在那些真正关乎公司营销方式的能力上
能力系统	
我们能否把三到六种与其他竞争对手区别开来的能力融合起来 我们是否已经找到以系统形式让这些能力共同发挥作用的方法 我们的战略文档中是否反映了这些情况	我们的所有业务是否都在利用这一卓越的能力系统 我们的组织结构和运营模式能否支撑并利用这一能力系统 我们的绩效管理制度能否对这些能力起到加强作用
恰当的产品与服务	
我们是否已经确定了自身产品与服务的“最有效点” 我们是否了解如何在新的或是未知的领域使用自身的能力系统	我们所销售的大多数产品与服务是否与我们的能力系统相适应 评估新推出或新收购产品，是否基于它们与公司营销方式和能力系统的相容度
协调一致度	
是否所有部门雇员都能清楚了解我们独有的能力 我们公司的领导层能否对这些能力起到加强作用	我们是否拥有在既定市场上的获胜资格 我们的一切决策能否增加公司的协调一致度？或者说有没有某些决策推动了公司提高协调一致度的进程

来源：摘自拙文《协调一致的回报》(第 86—92 页)。
该项测试的在线版本请点击
www. theessentialadvantage. com

对于个人而言，很难客观评估自身能力（即分析自己擅长什么，不擅长什么），对于公司而言，此类评估难度更大。尽量以一名理性的投资者的身份，冷静地审视您的公司。为这份协调一致度测试做好准备，这将暴露出您的执行团队并不像您所期望的那样团结一心。我们有时候会问公司领导者，"如果我们逐一采访您管理团队中的成员，让他们指出那些是让公司在所经营业务中赢得优势的关键能力，他们在答案中提及的能力会否有三到六项是相同的？"这些企业领导者们常常会思忖片刻，然后意识到自己手下的管理人员并未体现出应有的团结。但他们通常也都能及时发现和消除公司内部涣散的机会，并将大多数人都赞同的意见转化为新的战略选择。

发现战略要素

在这本书余下的篇幅中，您将读到有关作出必要选择以发展自身战略要素的内容：您的营销方式、能力系统，及相关的产品与服务如何相互协调。这些很容易被当成三种彼此互不相干的要素，单独加以考量。人们常会依照自身对于所在市场的理解来选择营销方式，基于已有能力建立系统，然后再决定保留或是出售那些产品或是服务部门。

但是，正如我们在这一章中所看到的，能力驱动战略并不是如此发挥作用的。所以，当您阅读接下来三个章节时，请设想自己正亲自找寻每一种要素：第四章找寻营销方式，第五章找寻能力系统，第六章找寻恰当的产品与服务。然后，通过阅读第七章至第九章，您将了解到能力驱动战略如何为您的公司产生价值。在第十章至第十二章，您将学会如何为接下来的行动打好基础，并将协调一致贯彻到公司的日常运营之中。

第二部分　“能力驱动战略”的构成要素

第四章　营销方式

1990 年以来，沃尔玛一直都是世界上最大的连锁零售店。该公司旗下拥有超过三千五百间门店，销售超过三百种类别的产品，共有两百万名员工。每个星期，全美国三分之一的人口会光顾沃尔玛门店。市面上已有数十本关于沃尔玛的书籍，讲述着其创始人山姆·沃尔顿（Sam Walton）的价值主张——“省钱省心好生活”，以及该公司如何从阿肯色州城镇小店发展成为一家规模与经营范围都非常庞大的企业集团。

大多数评论者都将沃尔玛的辉煌归功于该公司令人印象深刻的物流运作、与供货商达成一致共识的能力，或是其作为廉价零售商的市场定位。但仅仅拥有一两项卓越能力或是依靠一种强大战略是不够的。许多零售商曾经尝试向那些注重价格的客户展开营销攻势，得到的结果却非常不尽如人意。真正为沃尔玛的竞争优势奠定基础的，是一套协调一致的企业机制——这其中包括公司战略、能力、产品服务，以及能够降低公司全价值链成本的要素等。

首先是精确强力的营销方式。沃尔玛是一家大型仓储式零售商，以“常年低价”销售各种商品，从食品百货、电器电料到室内盆栽无所不包，基本上不搞特价或是打折销售。自 1962 年创建以来，该公司几乎毫无例外地遵循这一战略。其优先考虑的顾客群，也大体保持一致：对于价格敏感的购买者，以及所谓的“名牌追梦人”（喜欢名牌产品却又非常在意商品价格的顾客）。无论是在纽约第五大道、巴黎香榭丽舍大街，还是高档购物中心的诺德斯特姆（Nordstrom）、萨克斯第五大道（Saks Fifth Avenue）或是内曼·马库斯（Neiman-Marcus）等精品百货店附近，您都不会看到沃尔玛门店，因为那些地方不符合沃尔玛在市场中创造价值的既定方式。

多年以来，为了实现和支撑这一营销方式，沃尔玛建立并精心发展了一套卓越的能力系统。首先，该公司发挥了其供应链的最大效益，完善了充满活力的供货商管理机制、专业的销售点数据分析（即著名的“零售链系统”）、出众的物流配送和严格的运营资本管理。另外一项能力是对于“地段至上”概念的空前掌握，即对于经营场所地段的选择和收购，尤其是北美的乡村和城郊地带。最后，沃尔玛的销售理念和方案设计之中包含一种复杂能力，可以营造一种朴实无华和温馨舒适的整体氛围（与美国西南航空公司类似），让顾客们感觉宾至如归。这三大能力共同作用，使得沃尔玛比别的零售商更能有效地在正确的门店投放正确数量的正确商品。

由此，沃尔玛的一切行动都紧密适应其所选定的顾客群和营销方式。该连锁零售店并不出售家具或是大型电器等高价商品，也就是说，它并没有显著的成本优势。同时，它也不销售音乐 CD 等有悖于其客户价值的商品。该公司在既定的范围内不断创新，比如在门店内开设小型诊所，或是根据所在地的消费趋势搭配商品等。沃尔玛的货品采购人员，可以通过辨识某地市场的数百项特征，来为任何特定门店搭配货架上的商品。例如，一名优秀的体育用品采购人员，或许会用“淡水”来定义一家位于明尼阿波利斯的门店，用“盐水”来定义一家位于马萨诸塞州普利茅斯的门店。凭借自身能力，沃尔玛为厂商提供的消费者信息，要比后者自己掌握得更加精准：这提升了该公司对于厂商的影响力，并提高了自身的库存调动能力。最后，即便是在招徕新顾客的时候，沃尔玛同样能够找到基于现有顾客群实现增长的巧妙途径。（在第七章，我们将更详细地讲述沃尔玛的恢复增长战略。）

沃尔玛在美国市场上最显赫的竞争对手塔吉特百货（Target Stores），初看上去似乎也是瞄准了与前者大致相同的细分市场，但它却采用了一套不同的营销方式。塔吉特百货（忠实拥趸们常常模仿法国口音，将其称作"Tar zhay"）同样寻求为其顾客节省开销。但它也为那些注重品牌的消费者提供时尚化的商品。从店面布局到广告宣传再到库存仓储，塔吉特百货都试图传递一份时尚品位。例如，塔吉特百货的门店里没有背景音乐，也没有公开广播，营造出一种清净、简朴、简约而高档的氛围。

戴顿哈德森连锁百货商店（Dayton Hudson，曾以马歇尔广场旗舰店著称，2000 年更名为塔吉特集团，之后关闭或出售了旗下其他品牌）三十年的发展历程，孕育并造就了塔吉特百货的营销方式。支撑这一营销方式的能力系统包含形象广告，城市区位管理（这是沃尔玛连锁店通常欠缺的），以及独具特色的"平价奢华"商品采购机制——其中包括培养与摩西莫（Mossimo Giannulli）和迈克尔·格雷夫斯（Michael Graves）等世界顶级设计品牌之间的合作关系。为了迎合其较为年轻、更都市化的客户群，塔吉特百货还销售家具类商品，且衣物类商品也比沃尔玛多。

定价是塔吉特百货的另外一项重要能力。塔吉特对商品定价非常谨慎，以便保证那些能吸引人们走进卖场的知名产品在价格上紧咬沃尔玛和其他竞争对手。但塔吉特的高价商品数量要比沃尔玛多得多，销售一系列能够吸引更富裕、更注重时尚的消费者的高价格、高价值商品（亦为旗下零售门店争取了更大的利润空间）。

现在来看看凯马特（Kmart）的情况吧。该公司是美国零售三巨头中排名最后且最不成功的一家（巧合的是，这三家零售连锁店皆是 1962 年启动的）。21 世纪初挣扎在破产边缘的凯马特，依然在大众零售市场摸爬滚打，想要找到适合自身的营销方式。该公司在其网站上将自己描述为一家"通过一系列高级品牌向消费者提供高品质产品的大规模销售企业”。然而,这句话足以拿来描述从“老海军”(Old Navy)到“家得宝”任何类型的零售商了。

作为一名沃尔玛的顾客,您知道自己可以不但节省金钱,还可以享受宾至如归的感觉;在塔吉特百货,您知道自己能够以感觉合理的价格买到时尚的产品。那么,你在凯马特又能体验何种妙处呢?走进一家凯马特门店,您会在仓库般简陋的低成本环境下,看到类似玛莎·斯图尔特(Martha Stewart)和杰奎琳·史密斯(Jaclyn Smith)的设计品牌。自从2005年与西尔斯公司(Sears, Roebuck and Co.)合并之后,凯马特开始在其门店中引入肯摩尔牌(Kenmore)家电。考虑到肯摩尔品牌的力量,这是一步非常具有潜在意义的增长之举。然而凯马特或许还需要引进高技术个性化的销售协助服务模式,以满足许多西尔斯顾客的期望。

简言之,凯马特并未建立一套可识别的营销方式——一套能够反映顾客需求和自身能力的营销方式。据传闻,凯马特创始人哈里·坎宁安(Harry Cunningham)曾经承认道,山姆·沃尔顿“不仅复制了我们的概念,而且加强了这一概念”。对于如何迎合市场缺乏清晰思路,或许是凯马特落后于两家竞争对手的唯一原因。

目标、现实与选择

据我们所知,每一家持续取得成功的公司,都非常了解那些将自己与竞争对手区别开来的特征,尤其是为选择自身产品和服务的消费者创造价值的方式。这便是他们在市场上的营销方式。成熟的营销方式,指的是公司在市场中选定的位置,其基础在于对自身能力和市场走向的判断。它所代表的,便是普拉哈拉德和哈梅尔所说的“战略意图”:那是一种能激励一群人超越他们日常小目标的“方向感”,或是像这两位专家指出的,是“能给一家公司带来活力的梦想”。所谓营销方式,既重视现实,亦关注目标。它承认过去的成就和局限，面向您未来的希望和计划，并为您未来的选择提供明确的理由。

培育一种营销方式，并不是一项随随便便的工作，也不是一种学术行为。培育营销方式的过程，对于建立能力驱动战略至关重要（如同第十章中所讲的）。您将贯彻这一选择，而其发展的过程将历经数年（甚至永远）。一种营销方式，即“侧重能力”，又要“以市场为基础”。若想对其加以发展，您需要“向外看”，并对您所在的行业（无论如何变迁）、客户和竞争环境进行精准的分析和观察。同时您也需要“向内看”，关注您能够建立的能力，以及公司潜在的局限，您不应当采纳自己可能无法把握的营销方式。最重要的是，您需要辨别并整理自身目前的独到之处，明确未来希望以何种方式凸显自己。在大多数情况下，您对自身的长处非常了解，总是习惯性地去寻找能够使之发挥作用的市场，而不是去寻找有吸引力的市场。然后，试着设计一种能与之接轨的营销方式并不惜一切代价加以贯彻。

有时我们会被问及，如果一家公司选错了营销方式——采取的战略与市场并不适应，是否会带来风险。当然，有这种可能性，但更常见的问题是“完全没有营销方式”。不少公司只是抱着投机心态，想当然地去回应不同客户的需求。随着需求发生变化，这些公司也会不断做出改变：降价，为满足某项短期需求用尽一切手段，或者将业务范围扩展到“相邻”领域。另外一些公司会维持复杂的产品与服务组成，使得任何营销方式都无从谈起。这样做并不能创造价值；此类公司倾向于通过无休止的成本压缩来换取增长和盈利，实际上很难保持长期良好的运营，尤其是在面对协调一致度更高的竞争对手时。

如果您建立营销方式的过程足够严格，而且充分了解自身业务，那么您很可能找到一条创造价值的途径。您把握价值的能力，取决于您的行动是否比竞争对手更早、更快、更有效率。建立以能力为驱动的战略，目的在于帮助您磨炼对于自身营销方式的判断力，以及做出决断并将其付诸实践的魄力。

单一营销方式

通常情况下，您可以通过观察常见的创造价值的方式，来思考自己公司的营销方式。这些创造价值的方式，我们称之为“单一营销方式”。它们或许不完全适用于您的业务范畴。但如果您将一系列单一营销方式整合起来，就像是混合三原色那样，或许就能得到适合您公司的最佳战略蓝图。在某些业务部门，您或许要严格遵循某一特定的单一营销方式；例如，您可以充当市场竞争中的“价值玩家”。但在大多数情况下，您必须从单一营销方式入手，找到属于自己的独特的营销方式。

表 4－1 列举了最常被采用的单一营销方式。其中大多数在商业典籍中都很常见。举个例子，关于“体验提供者”营销方式，就至少有六本与之相关的大作。清单中所列的各种营销方式，都搭配了形象的商业案例，但这些案例并不总是能描述相关公司的全部情况。比方说，麦当劳是一家历史悠久的“体验提供者”，同时也是“价值玩家”型市场竞争参与者的范例。所以我们在列举“体验提供者”和“价值玩家”两种方式时皆以其为例。

表 4－1　单一营销方式

单一营销方式	价值定位	商业范例	注　　释
聚合者	提供一站式解决方案之便	eBay，格朗杰(Granger)	此类公司将各种供货商及其他货源聚合为一体，并以单一公共体验的方式展开销售
门类引领者	保持同门类产品市场占有率第一，并利用这一地位，塑造并影响下游销售渠道，以及上游供应市场	可口可乐、菲利普莫里斯(Philip Morris)、英特尔、欧莱雅、通用电气	此类公司常常会发展能够扩展市场号召力的大众营销能力，并结合对整个门类的价值链和零售渠道的高强度影响

（续表）

单一营销方式	价值定位	商业范例	注　释
合并者	通过并购，掌控某个行业（所谓“席卷整个行业”），为客户提供价值红利，或是凭借产品和服务达到别人难以企及的高度	思科系统（Cisco Systems）、微软公司	合并者会将竞争对手纳入麾下，并为客户提供小公司或综合能力逊色的公司无法提供的权限、技术或是价格
定制者	以对客户需求的洞察力和市场情报为杠杆，提供定制化的产品或服务	戴尔电脑、汉堡王	凭借国际互联网互联互通性、自动化的客户洞察、全球性覆盖和较为低廉的交易成本，使定制者较从前相比更容易取得成功
非中介化解决方案供应商	帮助客户绕过不必要的或是成本高昂的配送渠道和价值链的某些部分，以提供其他方式无法提供的产品和服务	纳帕汽车零部件（NAPA Auto Parts）、Priceline旅游网站、各种第三方物流企业	若想实施贯彻其营销方式，非中介化解决方案供应商必须为客户提供更多价值。通常是通过压缩成本或是提升数量。例如，第三方物流企业可以为零售包装的货物提供“所需应变的物流运输”。这些企业可以基于为客户谋利而建立的能力系统，接管整个产品配送链
体验提供者	通过强有力的品牌效应或体验，与客户建立有乐趣、有承诺、感动人的联系	麦当劳、星巴克、苹果公司、维珍航空（Virgin Ailines）以及维珍集团旗下其他公司、部分连锁酒店集团、豪华汽车与运动跑车制造商	与“高端市场玩家”型企业不同，此类业务可能涵盖各种价格区间。在美国的许多居民社区，只要花钱购买一份开心乐园套餐，便可以在麦当劳享受最平易近人和最诱人的室内游乐场。体验提供者还包括那些能将使用或是购买其产品的过程营造成值得铭记的事件的制造类企业

（续表）

单一营销方式	价值定位	商业范例	注　释
快速模仿者	利用创新者打下的基础，迅速推出与之竞争的产品或服务，通常能为客户提供更多价值，或是面向更大范围的客户群体	现代汽车（Hyundai）、箭牌（见第六章）、中国“山寨”企业	许多成功的创造发明（诸如蒸汽船、电力、电视、个人电脑等）的普及都得益于那些成功对他人创新成果进行市场营销的快速模仿者们
创新者	向市场推出新的、具有创新意义的产品	苹果公司、宝洁公司、3M、霍尼韦尔公司、诺基亚、飞利浦	此类公司并不仅仅是新产品或新服务的创始者，更是具备持久创新能力、足以持续获得成功并牢牢吸引客户的公司。创新者有许多种类型，对一家公司而言，最成功的营销方式可以清晰定义其创新类型，也是其之所以能与竞争对手区别开来的原因所在
平台提供者	经营并监管某种共享资源或是基础设施	电力事业、纽约证券交易所、联邦快递、高知特（Cognizant）、后勤事务处理者、自然资源供应商（石油、天然气、森林产品和采矿业）	此类公司创造某种平台或资源，而其他公司通过与其交易共享这些平台或资源。无论是否受到严格控制，此类公司都相当于它们所掌控资源的管理者
高端市场玩家	提供高端产品或服务	赫曼米勒（Herman Miller）、宝马、诺德斯特姆、大多数奢侈品公司	客户为产品的状态和感知价值买单，比如说诺德斯特姆的售后服务、赫曼米勒的产品工艺、宝马汽车的性能表现等

（续表）

单一营销方式	价值定位	商业范例	注　释
规则驾驭者	通过“应付”政府部门、“驾驭”规章制度和监管机制，并对其施加影响，提供别的途径无法提供的产品和服务	各类健康医疗保险公司、中国海洋石油总公司、中国工商银行、部分贸易公司（如日本三井等）	在那些政府部门可以控制或监管大量商业行为的国家和地区，此类公司可以生存。一家土耳其公司的首席执行官曾经指出，在尚未放松管制的环境下，以多产品线模式经营并与各类主管部门搞好关系，是很重要的，因为取悦政府部门要比取悦消费者更重要。如果监管框架机制发生变化，这些公司将非常脆弱
信誉玩家	作为一家可信赖的供应商	塔塔集团、“第七代”公司（Seventh Generation）、沃尔沃、全食食品公司（Whole Foods）、丰田汽车、英国石油公司、（2010年出事之前的）高盛	信誉的归属并不一定具有利他性，但却与某项价值密切相关，而并非是以省钱为目的。2010年，中国汽车制造商吉利集团收购沃尔沃，据说就是看中了后者在车辆使用安全方面的信誉。如果一家公司在能力上有所欠缺，或是无法将战略贯彻始终，而且信誉业已受损，这种营销方式，可能产生意想不到的效果。采用该营销方式的公司，常常要依靠与一批忠实客户之间的紧密联系
风险缓冲者	为客户减缓或是分流市场风险	各种大宗商品对冲基金、许多保险公司	风险缓冲者可以帮助其他公司扩展业务，或者帮助他们驾驭市场的不确定性

（续表）

单一营销方式	价值定位	商业范例	注　释
解决方案提供者	提供能够完美满足客户需求的一系列产品和服务	奥斯龙、江森自控、国际商用机器公司（IBM）、洛克西德马丁公司（Lockheed Martin）	此类公司亦被称作整合者，因为其营销方式要靠一项能力加以支撑——将单独的技术和实践整合起来，包括来自客户方面的技术和实践
价值玩家	在产品和服务的竞争过程中，提供最廉价产品或是最大价值	沃尔玛、美国西南航空公司、美国捷蓝航空公司（JetBlue）、瑞安航空、塔塔汽车（Tata Motors，以Nano牌汽车为主要产品）、麦当劳、宜家	亦被称作低成本生产商。成功的价值玩家有能力保持自身在市场竞争中的地位，而不至于陷入价格战的漩涡

想要获得与您自身“单一营销方式”有关的参照表和练习

请登录 www. theessentialadvantage. com

在现实生活中，很少有哪家公司只有一种“单一营销方式”。大多数成功的营销方式，都是数种“单一营销方式”有机结合或是经过改善的产物，只是有时会让某种方式“唱主角”。例如，作为全球家具设计与零售行业的领导者，宜家的主要战略是以“价值玩家”身份参与竞争，其宣传口号体现了其营销方式：“廉价好生活，宜家有办法。”但这家为广阔的全球消费市场设计并生产产品的瑞典公司，同时也以“创新者”作为自身定位（例如，该公司设计自己的家居产品，同时还创造出独有的涂料、漆料和表面处理工艺）。而且，宜家在一定程度上还是一个“体验提供者”——独特的店面布局，为父母免费配备呼叫器的儿童游乐区，以及瑞典风味的店内餐厅，都让人想要在其店中多待些时间。

您应当着眼于那些能够帮助您看清市场演化规律的“单一营销方式”。在诸多行业，各家公司的营销方式已在发展过程中塑造了市场，使得这些行业足以容纳两家或者更多公司，让他们以各自独特的营销方式维持盈利业绩。例如个人电脑制造业——该行业的公司，基于各自不同的营销方式组合，已经勾勒出了自己所独有的特质。

宏基电脑(Acer)：1973年创建于中国台湾的宏基电脑，是一个“价值玩家”型市场竞争参与者。但同时它也是一个“快速模仿者”和“合并者”，并借此抵御公司自身的“商品化”。多年以来，宏基电脑收购了数十家电脑生产商，包括捷威(Gateway)、帕卡德贝尔(Packard Bell)，以及德州仪器(Texas Instruments)的个人电脑事业部。宏基电脑还是一家特定类型的“聚合者”，是亚洲科技创新和低成本制造优势的“守门人”，以更容易被接受的形式网罗了来自“狂野东方”的技术。该公司采购大量零部件——诸如处理器、硬盘和显卡等——并将它们组装成拥有无与伦比的价格优势的个人电脑。为了满足客户的需要，宏基电脑依靠来自大型零售商的建议，从而了解客户在面对各种不同配置的产品时，更愿意购买哪一种。

苹果：这家公司的营销方式，融合了“创新者”、“体验提供者”和“高端市场玩家”等元素。苹果生产符合人们工作、娱乐和学习方式的设备，并通过简约的应用和高水准的工艺控制，实现复杂的全功能电脑或媒体环境。苹果的营销方式可追溯至20世纪80年代初，当时该公司率先引入了第一套商业化的图形化用户界面。众所周知，长期担任首席执行官的史蒂夫·乔布斯为苹果公司留下了深深的印迹，此人如剧团指挥家般领导着这家公司。同样的营销方式被应用于公司所有业务部门，诸如硬件、软件、电话、移动设备、在线音乐商店服务(iTunes)和苹果零售店等——当2001年第一家苹果零售店在弗吉尼亚州麦克莱恩开张之时，很少有评论者认为其营销方式会取得成功。有些能力，如生产制造等，属于“桌面赌注”，因此不必过于重视，可以通过“外包”来解决。苹果公司营销方式的难点和特别之处是显而易见的：没有其他企业选择同样的营销方式。多年以来，苹果都被认为是个人电脑行业的边缘分子，占据的市场份额相对较小；直到2000年之后，该公司才获得与其在创新方面的影响相称的企业价值。

戴尔电脑：这家完美的“定制者”、“价值玩家”和“聚合者”，多年来一直被人们定位为直销模式的引领者，这使它得以与宏基电脑和联想(Lenovo)等其他“价值玩家”区别开来。戴尔提供的电脑聚合了各种尖端科技(其零部件来自为数众多的供应商)，并通过网络或是电话订购进行销售，根据个人需要量身定制，生产过程迅捷可靠。这通常能为戴尔带来15%的成本优势：由于客户只会为他们想要的元器件买单，避免了电脑商店的各种费用，他们所支付的价格要比量产成品的购买者更低。2007年，随着公司在产品质量和服务方面遭遇一定困境，迈克尔·戴尔(Michael Dell)重新就任首席执行官。如今，戴尔面临一大挑战——随着硬件价格的降低，定制产品的意义或许已经不那么重要了。

惠普(Hewlett-Packard)：曾经被视为“创新者”的惠普，已经发展出一套更接近“合并者”和“解决方案提供者”的营销方式。2000年至2010年间，该公司在并购方面投入了250亿美元，收购了康柏(Compaq)、电子数据系统公司(Electronic Data Systems Corporation，即“EDS”)、水星互动(Mercury Interactive，又译“美科利”)、3Com(以发明了国际互联网协议而著称)、奔迈公司(Palm Computing)和许多小型软件公司。近年来，惠普已经凭借自身的工程师队伍将这些业务整合，从而为商业和个人客户提供基于网络的端对端计算机服务。该公司利用开放式系统和平台，提供高水平的舒适度与可访问性——从一个包含各种课程与服务(如网站设计课程)，同时突出笔记本电脑和打印机销售的网站开始，惠普正逐渐与其他大型系统供应商（如思科和 IBM 等）竞争。该公司依然在销售打印机、计算器和其他设备，但这些产品正逐渐被纳入一个完整的综合性体系内。在这个体系中，无论是客户还是雇员，均可注册参与著名的“惠普之道”(the HP Way)，并有望享受其妙处。

在漫不经心的旁观者看来，这些制造商之间似乎是相互争斗的关系，但它们在个人电脑市场开辟的发展道路却是彼此大有不同的，并且相应吸引了不同的客户群体。它们的营销方式都是独有的，与特定的客户群密切相关，并且与公司的所在地联系紧密。苹果拥有一套名满天下的独特设计战略，却无法实现宏基电脑的成就，因为后者靠近劳动力成本低廉的大中华地区。惠普在仪器与系统集成整合方面的传统，同样造就了它在提供创新服务方面的优势（无论这些创新服务是该公司自行发展的还是通过并购获得的）。戴尔诞生于创始人迈克尔·戴尔的宿舍，当时迈克尔就是在那里根据顾客的要求组装电脑，该公司优势的供应链管理和产品定制能力便是由此一脉相承下来的。

现在，假如您要在个人电脑领域开创一番事业。您的首要战略重点，便是找到一套上述企业未曾采取的营销方式。同样，如果您打算在美国开设一家新的连锁零售店，就需要找到一套独特的营销方式和一套与之相配套的能力系统——两者都不能与沃尔玛或是塔吉特百货重复。您很可能不想尝试在这些电脑制造商或是零售商熟悉的业务领域将其击败（除非您在他们的能力系统中发现软肋）。若想取得成功，您需要找到一个比竞争对手更擅长的领域。

建立一套更好的营销方式

那么，您该如何从一系列“单一营销方式”当中总结出一套有助于推动公司向前发展的营销方式呢？在建立这些假设，并进行深入考量和实践的过程中，您需要寻找关键的洞察力：即能够实现您公司独特价值的“认知火花”。

我们已经讲述过这种所谓的“认知火花”在辉瑞公司 PCH（基于“疗效”的市场营销，见第一章）和江森自控（成为最专业的汽车座椅设计与制造商，见第三章）两大案例中的表现。一个较新的案例发生在 2010 年，当时一家大型食品制造商的管理团队决定寻找自身的“最有效点”。高管们意识到公司有机会在预先包装方便食品领域大展宏图，于是从三项有助于实现这一目标的“单一营销方式”入手：

门类引领者：公司可以凭借其主导产品成为最著名的品牌，通过增加市场份额塑造最重要的门类。若想实现这一目标，公司需要把资源聚焦在真正理解消费者需求，而且可以建立比竞争对手棋高一筹的价值定位。

创新者：公司将快速发展并推出新的预先包装方便食品，立足于流行趋势和客户趣味，从而成为一家以产品营养性和方便性著称的公司。

解决方案提供者：公司将为人们生产“他们所寻找的膳食”：提供可以让忙碌家庭轻松搭配成定制化即食膳食的成品食物，同时大张旗鼓地调查消费者对于更健康的食品的需求，并以新产品回应之。

随着对境外市场的深入探索，该公司高管们意识到，上述每一种方案都存在相应有利可图的市场——此类市场如此之大，是现有食品行业无法满足的。无论他们选择哪种方案，都可以有效赢得市场份额，使品牌地位获得史无前例的巩固。三种方案在提升企业价值方面的潜力几乎相同。但是，直到职能部门负责人开始谈及各项方案所需的能力时，管理团队才恍然大悟。

“这是三种不同的投入模式，”制造部门负责人说道，“我们不可能全部都去做。”接着，他解释了每种“单一营销方式”所需的供应链管理模式。

作为门类引领者，公司需要在提升制造能力的同时，降低成本并寻求规模经济优势：向生产技术和执行效率方面进行投入；作为创新者，意味着建立一条能够快速经济地推出新产品的灵活的价值链；而解决方案提供者意味着另外一种灵活性：提供适应不同保存温度区间的包装食品——既要有冷冻食品，又要有生鲜食品。同时，该方案还意味着需要在运营部门和研发部门之间建立更直接、更具协作性的关系。

市场营销部门负责人表示，她也看到了类似的差异："营销力之间几乎没有重叠。"作为门类引领者，公司需要通过"绝佳产品"战术（严格为每一个品牌和地区量身定做）来占领商店货架或是门类区域，以便对产品进行定价、促销和推广。"创新者"营销方式则更注重其他类型的宣传和促销手段：传递新的消费价值定位，同时保证新产品高速度、大范围的零售配送。若想成为"解决方案提供商"，公司则需要通过网站和其他社交媒体，直接与客户正面接触，展示周边产品，并进行大量市场营销实验。

忽然间，这已经不再是一场有关市场及其需求的讨论了。这是一场关于公司自身能力，以及管理团队如何对这些能及加以集中运用的对话。公司真正的优势在哪些方面？管理团队成员愿意做出何种权衡？对于我们曾在第三章描述过的"能力驱动战略"，他们正在经历发现和分析的阶段；他们不仅着眼于公司已有的能力，而且还关注那些希望得到，并能够培养的能力。起初，管理团队计划引入"创新者"营销方式，因为该方式意味着更高的利润。但经过三个星期多次会议的讨论之后，他们决定以"门类引领者"方式获得预期的企业价值，因为该方式与公司已有的能力系统相适应。目前来看，这项决策已经开始为公司带来回报。

这些内部信息是您在参考书中读不到的，也无法通过公式加以推导。但是，通过从"单一营销方式"入手，逐一分析其后果，您可以依靠您手下管理团队的商业智慧，而不被旧有偏见拖住后腿。正如苹果并非纯粹的创新者，惠普并非纯粹的合并者，而宜家也并非纯粹的价值玩家。您必须将这些"单一营销方式"梳理成为更适合您公司未来潜力的更为精确的发展战略。

判断营销方式是否有效的准则

如果您的营销方式能够很好地适应市场需求，具有潜在的差异化发展趋势和所在行业的产业动态，并能保证公司战略顺利推行，那么它将很可能成为一种成功的营销方式。您可以比照下列清单，对您自己提出的战略加以评估。

会有某个市场尊重您的营销方式

换句话说，会有足够数量的消费者发现您营销方式的价值所在。在确定某个市场潜在价值的过程中，我们与迈克尔·波特、特德·莱维特(Ted Levitt)及许多其他专家一样，建议您着眼于客户的需求，而不是拘泥于产品门类的传统定义。请注意所谓的"代用品"，即那些可以通过别的方式达到相似功能的令人意想不到的产品。如果您的产品是客户关系管理软件，现在销售额出现了下滑，那么很可能是因为您的客户不再选用此类软件，而是转向使用基于互联网的"云计算"服务和分析了。如果您生产冷冻食品，而一位父亲却并未购买您那尺寸硕大的鸡块，那他也许为孩子选择了(非冷冻的)有机食品，或者干脆带他们去下馆子了。如果您是钢铁供应商，而汽车制造商却抛弃了您提供的钢铁，转而寻找其他货源，那或许是因为它打算改用复合材料(诸如玻璃纤维或是碳纤维等工程材料)。无论对于哪个业务部门而言，市面上出现大量"代用品"都代表两种可能性：要么是您尚未找到恰当的营销方式，要么是您的公司还有更多增长空间。在表 10-1 中，我们将提供各种测试，以便您为自身营销的方式评估潜在市场。

您的营销方式与竞争对手存在差异

在第十章，我们将更进一步分析您与竞争对手在营销方式上的不同，以确定您的营销方式(以及您的能力系统和产品服务组合)能否为您带来“获胜资格”。目前,您只要了解如何以自身打算采取的营销方式来与其他公司竞争,就足够了。采用与竞争对手相同的营销方式,可以方便地评估自己的营销方式是否更胜一筹,然而在很多情况下,还是有所区别更好一些。正如本章之前提到过的那些电脑公司,您是否已经发展出了一种竞争对手无法模仿的独特营销方式?

考虑到所在行业可能出现的变化,您的营销方式应当是与时俱进的

如果您所在的行业正处于快速发展阶段,那么您应该针对预想中外部环境的变化改良自身的营销方式。行业变革本无定数,但其必定是千变万化的,从而对您的业务产生影响,您需要在确定营销方式时将其考虑在内。要想根据外部变化考量自身的营销方式,您应该参与有关产业变化风险、机遇及其应对方式的对话之中。诚然,就像克莱顿·克里斯滕森(Clayton Christensen)曾指出的,那些在过去使您辉煌一时且根深蒂固的能力——尤其是那些支撑您现有营销方式的能力——会导致您的营销方式在未来难以改变。不过,您对增加价值的方式理解得越透彻,就越有可能认识到即将到来的“断档”,从而更有效地加以适应。

有些公司已经在有意识地尝试培养识别这些“断档”的能力——以便所在行业将要发生变化时,能有足够的时间在现有业务之外寻求别的增长点。对于此类公司而言,将注意力投向潜在的“断档”并非一时的权宜之计,而是一种需要长期有组织关注的努力。例如,2007 年,万事达卡(MasterCard)首席执行官鲍勃·塞兰德(Bob Selander)意识到,对于一家在一年前首次公开发行股票此后繁荣发展的公司而言,一系列破坏性的力量将改变其所处环境。这些潜在的负面因素,包括信用卡和借记卡被移动电话和其他电子设备取代,政策规章有可能出现重大改变,金融服务行业的并购等。塞兰德和他的团队发展出了一种“动态战略”机制,能够持续带动整个公司了解市场形势,从而让公司上下对于市场状态及其可能发展方向的观点与时俱进，并作出评估，确定引入全新营销方式的时机是否成熟。

当非传统的竞争者进入您所在的市场时，随着外部条件发生变化，您公司的营销方式也需要做出改变。美国的国防工业便是这一规律的另一个范例。1990 年之前，大多数防务企业从本质上说都是“解决方案提供商”和“规则驾驭者”的结合体。当时，国防部为了应对前苏联等主要威胁曾要求获得昂贵而先进的武器，这就是此类企业赖以生存的基础。之后，随着柏林墙倒塌，为了谋求所谓的“和平红利”，国防采购预算被削减了一半，而诸如隐形轰炸机和核动力潜艇之类的高精尖武器，则被要求在原有计划上大大减少数量。2001 年 9 月 11 日，基地组织的恐怖袭击更推动了这一进程——对于藏身洞穴、以简易爆炸物发动袭击的恐怖分子和叛乱武装而言，大型武器几乎无用武之地。

传统的军工制造行业起初难以适应这一新现实，而那些非传统供应商则填补了空白。美国的国防机构修改了其采购战略，将某些已经拥有在这一全新市场“获胜资格”的外国生产商也纳入采购范围之中。例如，“9·11”事件发生后，美国国土安全部（U. S. Department of Homeland Security 所使用的每一架直升机，都是在美国之外的地方制造的，而为美国海军建造近海战斗舰艇的船坞也属于外国企业所有。

与此同时，颠覆了传统武器概念的技术开始出现：诸如捕食者无人机和全球鹰无人机之类的机械化自控系统，以及能将计算机情报从单一的军舰、战机和坦克传递到整个网络的全球信息网等。所有价值都从传统军事装备生产商转到了新兴的网络集成者手中。例如，在阿富汗猎杀叛乱分子的捕食者无人机，接受的指令来自稳坐于内华达州的“飞行员”们，这些无人机收集到的实时数据，是在美国本土和世界各地的不同地区同时进行分析的。一类全新的防务公司——有些扎根于硅谷，有些干脆就是计算机行业的一员——如雨后春笋般出现，发明设计了这些技术。此类公司的商业周期循环较快，对于这一行业也有全新的产品发展战略，并且非常有意愿实践那些未经测试的概念。

由于自身传统业务收益平平甚至有所衰退，原有的防务企业面临着一大挑战。他们必须找到一种营销方式，以便能够利用更多现成的商业元素，采取更简单的设计方案，并且更强调日常使用，以降低现有产品项目的成本。举个例子，通用动力下属的电船公司（Electric Boat Corporation），通过剔除设计方案和生产过程中不必要的复杂元素，在建造“弗吉尼亚”级核动力潜艇时，节约了五十亿美元的成本。

非传统防务供应商同样面临着“国防部不断改变重心”的挑战。例如，机器人与网络设备的供应商们，的确享受过一次由国防工业的变革带来的飞速发展机遇，但此类企业中，没有一家的销售额超过十亿美元，与传统防务巨头们动辄两百亿以上的销售额比起来，依然相去甚远。

所有行业竞争者都在寻找途径以利用新技术和行业新现状，从而避免因同时把握新旧两种营销方式而成为“缺乏协调一致”的牺牲品。有些公司借由一种名曰“精简作业流”（tailored business streams）的概念来迎接挑战——凭借这一概念，它们能够以系统集成商的身份参与竞争，将外部科技和自身所有的专业技能实时集中整合，以便为不同的政府部门客户量身定制武器系统。

引领这种营销方式的公司包括豪士科（Oshkosh Truck，军用车辆制造商），欧洲直升机公司（Eurocopter，法德合营的直升机制造商）和思科系统（网络设备方面）等。有些传统防务企业也在通过兼并收购等方式向该行业进军：例如，诺斯罗普格鲁曼（Northrop Grumman）便收购了全球鹰无人机的制造商特里达因瑞安公司（Teledyne Ryan）。大多数明智的大型企业领导者都非常谨慎，尽量不以“缺乏协调一致性”的传统业务模式影响新纳入麾下的子公司。短期内，这些子公司以零散的业务部门形式存在，每一个子公司都拥有单独的营销方式和能力系统，直至能够被整合进母公司的体系为止。那些能够首先掌握这一手段，并将企业能力整合成为单一营销方式的公司，将会在未来的数年间改变整个国防工业的发展方向。

您的营销方式依靠能力系统支撑——因此是可行的

对于一套营销方式而言，最重要的评判标准便是您的执行力。您公司的能力系统对此种营销方式的支撑程度如何？您不应该因为某个市场有吸引力就选择它，并为了适应市场而发展能力，而是应该选择那些您自身能力足以发挥作用的市场。正如本章提到过的沃尔玛、塔吉特、苹果和那些国防工业领军者们，仅仅拥有与当前业务重点相关的能力是不够的。您的能力必须是独一无二的，是您所充分了解的，经过深思熟虑的；如果您的营销方式要真正付诸实施，那么还要有整个公司的承诺为后盾。我们将在下一章讨论有关成功的能力系统这一重要话题。

第五章　能力系统

当杰夫·贝索斯(Jeff Bezos)于 1995 年开创亚马逊网站这一“世界上最大的书店”时，人们只看懂了他创业口号的表面含义。想要购买纸质读物，又有了一个很不错的新途径。但贝索斯明白，图书销售只不过是第一步。接下来是音乐唱片，而后来亚马逊网站突然又开始销售成衣、药店、自行车、电子产品和美食——这一切，通过您的电脑都轻易可得。并非所有尝试都一帆风顺，亚马逊在网络拍卖方面的尝试便举步维艰。但本着“吃一堑长一智”的精神，亚马逊始终没有停下尝试的脚步，获取的成功远比失败的次数要多。一套世界级的能力系统相当于一家公司获取成功的强劲引擎，亚马逊就是一个优秀的范例。

亚马逊的营销方式，是以“体验提供者”和为买卖双方建立关联的“超级聚合者”这两种市场定位为基础来建立的，意在凭借来自全世界的产品、数百万消费者提供的关于这些产品的信息和“无摩擦”产品配送，为人们提供一种引人入胜的一站式线上购物体验。若想实现这一效果，亚马逊必须让人们知道，它既是网上最值得信赖的站点，亦是最大的电子商务中心——让所有人一提起电子商务，首先就想到亚马逊网站。简言之，贝索斯和亚马逊的管理团队已经更新了 19 世纪以来的百货商店理念：让人们得以在种类繁多的商品类别中充分货比三家。

亚马逊的营销方式，代表着巧妙运用“收益递增”这一经济学概念(亦称“网络效应”)。将亚马逊用于市场选择的供货商和客户数量越多，他们通过对彼此货品打分和评论，越来越多地参与市场运作，被吸引进入这一体系的新成员也越来越多，从而使得该市场更具价值。

最后，该营销方式还将人们最初选择来亚马逊购物的原因考虑在内。正如贝索斯所指出的，亚马逊的客户想要“有更多选择、更低价格、更快配送……我无法想象十年之后他们会说出‘我爱亚马逊，但它最好能在配送我的商品时稍微慢一些’……或者‘我希望价格能稍微高一些’之类的话”。这些因素共同发挥作用，便远远抵消了网上零售所面临的最大挑战——消费者不能亲手触碰商品并将其立刻带回家。

为这一复杂高效的营销方式提供支撑的，是一套由五种相互协调的关键能力组成的能力系统：

零售界面设计：从早期率先在网站上整合客户建议和产品详细信息，亚马逊便以零售界面设计领域见长。该网站优美缜密的设计品质——充满细节却不显凌乱，并配备了复杂的搜索、评论、链接和线上支付等功能——已经将网站本身转化成了一处互联网信息综合体。事实上，它已经成为一个关于图书传媒产品以及其他产品的“数据库”，而这些商品条目的创建者和搜寻者的相关信息(也越来越多地)被该“数据库”记录。这种界面设计能力在亚马逊的电子阅读设备 Kindle 中也有体现，后者是第一种获得成功的此类设备。

后端供应链：这家网上零售商费尽心力地发展出了一套或许连沃尔玛的运营部门都要艳羡不已的后端供应链能力。通过自身独有的仓储网络和合作伙伴的供应链，亚马逊销售着数目庞大的各类产品。这意味着，作为供应链管理的一部分，亚马逊必须有能力把握在其平台上做生意的卖家，以免出现供货商无法以相同的精确度和速度配送商品，从而导致客户失望的情况。而这正是亚马逊要保证内部物流体系随时有效的原因之一。通过轮流转入所谓的“亚马逊物流”体系(Fulfilled by Amazon),独立供货商中有70%提高了销售额,只有30%出现了销售下滑。供应链与网站紧密关联,客户可以随时改变订单或者在最后一刻取消订单,并且不用给出任何理由。

推销:该能力是亚马逊的隐藏价值来源。与另外一家“高水平推销者”——塔吉特百货一样,亚马逊并不总是完全占据价格优势,但却能通过比其他大多数卖家更低的均价和推广各式各样的独家商品来保持信誉。亚马逊的采购人员能够快速辨别具有吸引力的产品,并与生产商密切合作,以便获取专属销售权。例如,2007年圣诞季,Flip Ultra摄像机及时出现在亚马逊网站的“货架”上并获得大卖,而这都要感谢亚马逊线上商店的专业性。在亚马逊位于西雅图的总部开过会之后,厂家营销人员便乘坐飞机回家了。短短几个小时之后,当这些人走进家中,发现亚马逊已经完成一个极富吸引力的营销网页样板,还在上面展示了婚礼图片和婴儿录像。

客户关系管理:亚马逊的客户关系管理能力,以及为其提供基础的强大分析能力,是非常出名的。亚马逊网站的访问者,很快就会发现其他与自己喜欢相同产品的人,或是自己可能感兴趣的商品,却又不会产生被别人窥视隐私的感觉。这一能力亦使亚马逊能够尽可能地理解客户的需要,例如,在可能导致客户不满的因素造成影响之前便将其解决——这正是基于它之前对客户需求的了解。因此,在这一能力的帮助下,亚马逊避免了信誉受损和高昂的客户服务成本。亚马逊的高级服务项目被称为“亚马逊金牌会员服务”(Amazon Prime),为支付年费的网站常客提供大额折扣的快运费用,甚至加强了客户分析和关系建设。

技术创新:这最后一项能力,指的是迅速而富有实验精神的、注重实效的技术创新,通常在幕后发挥作用。该能力造就了亚马逊诸多领先的尖端产品,包括Kindle阅读器“一键下单”立刻下单系统,以及原为亚马逊公司内部使用而设计后来开放给客户使用的云计算服务等。由于这些计算机服务均可被纳入亚马逊网站的销售清单,以极低成本进行配送，且几乎不需售后服务和支持，亚马逊可以通过基于自身的营销方式在线上将它们销售给客户，并借此对营销方式加以扩展。例如，亚马逊的“土耳其机器人”(Mechanical Turk)中介服务，允许人们就非常小的任务(诸如编程、编辑、整理分类、或是在社交媒体网站上发布评论等)发布求助启示，而别人则可以使用自己的电脑执行这些任务，并通过亚马逊获取报酬。不过，当您阅读本段介绍时，这些细节或许已经被淘汰了，因为亚马逊或许已经引入了最新的服务模式。

与通常情况一样，这些能力在整合成为一个系统之后方可发挥最大力量。亚马逊以精于“追加销售”著称。所谓“追加销售”，就是吸引客户在每笔交易(即网店“购物篮”)中购买更多产品，超越他们在其他任何一家公司所购买的的数量。这是因为，人们在亚马逊的每一次购物过程，都会被实时分析(识别出能让特定客户感兴趣的恰当产品)，并辅以卓越高效的推销(以恰当的价格向客户展示这些产品)、客户关系管理、界面设计(将繁冗复杂的购物流程简化为“一键购买”)和卓越的供应链(基于亚马逊在速度和可靠性方面的承诺，对商品进行配送)，从而强化消费者的购买欲望。这些世界级水平的企业能力，但凡有任何一项缺位，亚马逊都无法维持其增长率：即便在不景气的 2008 - 2009 财务年，亚马逊每个部门的增长幅度也都超过了 20%。在实现如此高增长率的同时，亚马逊还保持着 18%到 20%的毛利润水平，并且许多商品依然以超低价销售。

亚马逊从未建造或是收购过属于它自己的实体店铺，甚至都未曾进行过此类“实验”。大多数其他公司都动过这一念头，但贝索斯和他的手下团队显然明白，这需要快速建立一整套与现有营销方式不相容的全新又复杂的能力系统，并且要与一大群更富经验的对手正面交锋。而当那些实体连锁店建立网店之时，它们则进入了亚马逊的“主场”——在这一领域，迄今为止，亚马逊依然是协调一致度最高的、能力最强的“选手”。

自 20 世纪 90 年代中期以来，亚马逊的能力系统一直在稳步发展。

回溯至1999年，互联网泡沫的高峰期，圣诞季已经开始，而杰夫·贝索斯站在一处配送中心，戴着一顶安全帽，与手下员工们讨论着公司刚刚开始使用的一套分类、分拣和包装设备。当其他网站管理者们还在谈论“如何吸引眼球”和“通畅的商业环境”时，贝索斯的关注重点似乎已经出人意料地转向了非互联网领域。但在接下来的数年间，随着人们如愿以偿地收到在亚马逊网站购买的东西，公司的收益增长了十倍，他当年的清晰头脑常常会令我们赞叹不已。

通过内部改良和并购(在第八章中，我们将对亚马逊为获取“能力”而收购线上服装店的行为进行详细解读)，亚马逊持续发展着各项能力。亚马逊于2010年夏天在美国十座主要城市开启了“即日送达”业务，便是最具说服力的例子之一。并购了数家网上超市之后，亚马逊意识到了本地配送队伍的价值，并很快将此与自身物流配送体系的其他部分整合起来。这还造就了其他额外服务项目，诸如“周六配送”等，以吸引更多人加入“亚马逊金牌会员服务”体系。如今，凭借其广受赞誉的分析能力，亚马逊可以确定在何处为何种对象开启“即日送达”业务。其他公司，如“网络货车”(Webvan，2001年破产后被亚马逊收购)等，皆在这一领域遭受过重大失败，而亚马逊却很可能取得完胜。

独特的能力

正如我们之前讨论过的，所谓能力并非单纯是某种功能或是实践，而是指能够支撑您的营销方式，并持续可靠地带来特定收益的技能。公司“能力”依靠正确整合生产过程、工具、知识、技巧和组织结构来确保，所有这一切要素都要迎合公司的既定目标。独一无二的“能力”是最重要的：任何一种此类能力都代表着一种其他对手很少能掌握的强大竞争力。

每当听到“能力”这个名词，许多商界人士都会想到所谓的“无形资产”，比如说雇员的技能，或是由研发或供应链等企业功能所决定的经营运作水准等。而有些人则将其与人力资源部门的“胜任力模型”或是研究与发展方面的投入联系起来。但此处是有具体所指的，与公司战略密切相关的“能力”：正是这些“能力”造就了公司参与市场竞争所必备的优势。

哈梅尔和普拉哈拉德，曾在其共同著作《竞争大未来》(*Competing for the Future*)中详细叙述了“能力”与竞争优势之间的关系。他们使用“核心竞争力”一词，将“能力”定义为“一系列能让一家公司为客户提供某种特定好处的技巧和技术”。在哈梅尔和普拉哈拉德看来，所谓核心竞争力，是让客户明确感到获益，为公司带来竞争优势，并可以被推广至其他产品和市场领域。他们指出(我们认为是正确的)，识别公司的核心竞争力，对其进行持续强化，并在新的竞争力上投入资金和精力，是公司执行团队的使命。执行团队还必须保证核心竞争力不会因某些业务部门出现问题而受困。

正如亚马逊等公司的经验所揭示的，发展一项能力需要花费数年时间，依靠一系列人才(包括他们的技术和知识)，同时还要体现在生产过程、技术和实践中。一项能力越独特，与您的营销方式相关度越高，就越有价值。

所谓“能力”，包括一家公司为实现其营销方式而动用的任何独具特色的要素。这些要素不足与外人道：例如，亚马逊的幕后推销能力对其成功至关重要，大多数观察者却未曾注意到。“能力”也并非私营企业专属。对于一家为公立机构招募员工的职业介绍所而言，招募并发展为政府工作的人才或许是一项关键能力。对于垄断行业、国有企业，或是在某些发展中经济体参与市场竞争的公司而言，经营好与政府部门的关系，或许比任何特定营销策略都重要。

您对“能力”的看法很重要，因为这将塑造您设想和创建“能力”的方式。某些企业高管对于“能力”的观点非常模糊(比如，将产品服务品质、创新、对客户需求的洞察，或是供应链管理等当作“能力”)，导致对“能力”的投入几乎毫无意义。这些通常被视为重要的企业功能，所有大公司都会对其进行投入。但想要在创新领域占据优势，有多种方式，其中有不少方式是专门对应特定的产品类别、行业，甚至地区的。以投产一款全新的机动车辆为例，基于不同的类型（卡车或微型车）、产品技术（汽油动力或电力驱动），甚至目标市场（印度、中国、欧洲或美国），所需的营销技巧和供应链方案都大有不同。如果您尚不明确自身能力能否支撑某种创新方式，那么您对“能力”的理解还不够透彻。

能力与资产

不少公司领导者在制订战略时轻视自身独特能力的作用，而是以对资产（专利、品牌、土地、工厂、机械、供货商与客户关系、现金等）的评估为基础。在这种“资产取向”价值观的影响下，他们常常会将公司拥有大量资产的领域作为参与竞争的主战场。

这是一种短视行为。如果资产是保证成功的关键要素，那么只要有足够的资金来购买所需的资产，行业里的任何公司都可以通过引入相同的战略在竞争中取胜。更重要的是，资产容易贬值，而且会在意料之外的情况下缩水。例如，随着专利权过期，其价值也就不复存在了，在许多领域，获取专利权已逐渐不再是难事了。

相形之下，能力才是实实在在握在您手中的。它无法被竞争对手轻易偷窃或是买走；等到对手们复制了您旧有的能力，您的手中早已握有更新的能力了。即便它们抄袭了您的某些思路，也无法像您一样对其加以利用。

凭借数年前在中国经营的经验，霍尼韦尔公司对此颇有心得——当时该公司曾经成功地向中国的建筑业和其他各行业引入了一系列新式温控器和控制元件。当其他高科技厂商携自身技术（有些时候还包括专利）进入中国市场时，却与中国的山寨厂商迎面遭遇：后者从本质上就是在模仿它们的产品，并以更低价格销售。所以霍尼韦尔并未重蹈这些同行的覆辙，而是在上海开设了一家新的研发中心，雇佣了两千名员工，为中国市场开发后续产品——并以山寨厂商难以轻易模仿的支持和服务为这些产品提供保障。三年间，该公司在中国市场上的盈利便翻了三番。

与“能力”相比，固定资产应用在各种产品、服务和业务领域的难度更大，这进一步限制了固定资产的价值。更有甚者，在那些竞争白热化的行业，即便是最具价值、最长寿命的资产，也越来越被当成“桌面赌注”使用了。所有参与市场竞争的公司都已拥有这些“赌注”，但却很少有公司能以其为基础换取持续长久的差异化发展，因为任何有资本的竞争参与者都可以得到“赌注”。

与以资产为驱动力的战略相比，能力驱动战略更具可持续性。资产可能贬值，而能力的价值却会随着使用和改良而增长。您可以想想看，那些基于开采已有油田（既有资产）制定战略的石油公司和以扩展新油田勘探能力（创造新资产的能力）为目标的石油公司之间的区别。经过改进的创新能力可以为一家公司带来更多（以及更具盈利前景的）专利。强大的市场营销能力则能够维持一个品牌的生存力。

我们并不是要让您忽视资产的重要性；资产在您展开市场营销的过程中发挥着重要作用。但一项引人注目的能力可以给您带来惊喜。我们还记得欧洲某大型食品公司领导层的一番对话，当时他们谈论的是用于配送熟肉产品的分销网络。忽然，一位高管抬起头来，说道，“之前我没意识到这一点。但别人也都不了解如何以这种方式将香肠送到店铺货架上。”香肠分销配送，并不算该公司的主营业务，似乎一直都无足重轻；然而公司管理团队突然意识到，这一特殊的配送能力，可以被广泛应用在食品的销售中，以满足客户对于口味和新鲜度的严苛要求。如果在这方面合理投资，并将其推而广之，那么公司可能会迎来某些全新的增长机遇。

能力系统

所谓能力系统，包含三到六种能让一家公司与竞争对手区分开来、而且公司对其有所投入的能力。这些能力在支撑公司营销方式的过程中彼此相互补充。从更为宏观的角度来看，能力系统指的是能让一家公司在其既定发展道路上创造价值的行为综合体。我们相信，每一家优秀的公司都拥有一套完备的可支撑起营销方式的、专注的能力系统。

能力系统的价值并不总能被商界思想家们意识到。杰出的战略作家、商业历史学家艾尔弗雷德·D·钱德勒（Alfred D. Chandler, Jr.）便是意识到这一价值的人之一。“工业企业的竞争力依仗精博的组织能力（公司能力）……”他曾经如是写道：“当一家新生企业的竞争力面临考验时，其完整的组织能力将成为改进现有产品和生产工艺、开发新产品的源动力。”他还补充道，所谓最成功的公司，指的是那些持续对能力的改善提升进行再投资，对各种能力加以整合，并通过它们与对手展开竞争的公司。

正如钱德勒在2001年的一次访谈中所坦承的，这一概念足以总结他穷尽一生想要搞清的疑问——为何有些企业会对行业的塑造产生影响，而其他竞争对手却只能黯然凋敝。1918年出生在杜邦公司与普尔公司（Standard & Poor's 即“标准普尔”中的“普尔”）上层人物家庭的钱德勒，从小在新兴商业文化的氛围中长大，自少年时便开始追寻自己的目标，专心阅读从姨祖母阁楼里找到的《美国铁路杂志》（钱德勒的曾外祖父是该杂志的主编）。钱德勒一生撰写了一系列重要著作，包括首先提出“商业战略由一系列长远目标和宗旨组成”这一概念的《战略与架构：美国工业企业史的若干篇章》（*Strategy and Structure: Chapters in the History of the American Industrial Enterprise*），和首部获普利策奖的商业著作《看得见的手：美国企业的管理革命》（*The Visible Hand: The Managerial Revolution in American Business*）。作为哈佛大学教授，他还开创了商业历史学这一学术领域。

但直到出版了人生中的最后两部著作——《发明电子世纪：消费电子品业和电脑业的史诗般故事》（*Inventing the Electronic Century*）和《工业世纪的成型：现代化工业和制药业的惊人故事》（*Shaping the*

Industrial Century)——钱德勒才感觉到自己破解了商业成功和产业发展的密码。钱德勒于2007年逝世。而在这两本辞世前不久出版的著作中,他讲述了一个又一个商业竞争的案例。那些在自身能力上进行持续再投入的公司总能赢得市场。IBM公司和斯佩里兰德公司(Sperry Rand)在1953年的对决便是诸多例子之一。当时,这两家企业都在将产品重心由制表机转向电子计算机。斯佩里兰德公司早在三年前便已开始转型,但按照钱德勒的说法,其团队内部意见不合——销售队伍对于研发部门的新产品兴味索然,而管理层不愿意向技术开发和人事技能方面投资。而由老托马斯·沃森(Thomas Watson, Sr.)领衔的IBM公司,专注于建立自身在软硬件方面的能力,并加以推广应用。例如,该公司将自身在打孔式制表机领域取得的经验,用于新型计算机的外围设备设计之中。于1954年启动的IBM650型小型机项目,以及出自沃森本人之手的"计算机界的T型"(引用福特T型车概念),都获得了丰厚的收益,而IBM公司又将这些收入用于提升技术水平和销售能力。钱德勒认为,"完整而综合性的学习基础"(他以此指代"能力系统")可以为公司企业造就足够的优势,以便于后者在几十年间领先竞争对手——除非公司停止对其能力系统的再投入。

在一家协调一致的公司,能力系统是其进行投资分配的工具。公司通过将其能力应用于更广泛的领域,可以建立一种新的规模优势。正如我们在辉瑞公司PCH、江森自控,以及第四章提到过的食品公司等案例中看到的,设计建立一套能力系统的过程,亦是一种自然而然的凝聚公司员工思想的方式。能为公司带来基础优势的并非单一能力,而是能力系统。事实上,每一套能力系统都需要各项能力相互之间完美契合——就像是高性能跑车所需的高性能引擎、传动箱和轮胎,与皮卡上安装的同类部件大有区别。能力系统本身也必须与您的营销方式完美适应,它可以为公司选择成功的营销方式提供坚实基础。

能够将自身能力整合成一套系统的公司,可以在竞争对手面前形成巨大优势。印第纺织是另一个不错的范例。这是一家西班牙时尚成衣制造商和零售商，以旗下主要品牌 Zara 著称。Zara 品牌之所以取得令人侧目的成功，原因在于将客户洞察、快速响应的产品创新、物流配送以及紧跟时尚潮流的设计等看似相互毫无关联的能力融为一体。这些能力是以一种非常独特的方式被整合起来的。

如果您走进一家 Zara 品牌零售门店，您将看到一些很少改款的“经典”服装——这些产品是委托斯里兰卡、马来西亚等工资水平较低国家的制造商生产的。而应季服装和时尚成衣则产自 Zara 自己的工厂和欧洲的供货商，因为印第纺织在欧洲建立了卓越的成衣设计能力，可以快速根据市场分析和客户洞察做出反应。卡伊·格里克(Kaj Grichnik)和康拉德·温克勒(Conrad Winkler)曾经在合著的《要么成功要么毁灭》(*Make or Break*)中对这一快速过程有过描述：

> 生产周期始终很短，并对收集自各零售门店的信息——如顾客购买了何种产品，试穿了什么东西，对于拉链或是贴身度有无意见，以及他们的要求……保持着热烈的反应。Zara 高效率的设计团队，可以根据客户需求在几周内开发出一种全新的服装产品，紧跟时尚趋势将其推出，然后(如果消费者们感兴趣的话)将设计风格推广到其他销售情况较差的产品线。通过与零售门店交换信息，由设计团队做出决定，随后投入生产和配送分销——整个过程近乎完美无缝，而且始终得到改善。

Zara 产品的全价，往往比业内竞争对手产品的全价低 15%，而且在产品分类方面把握得张弛有度。由于产品库存的改变颇具目的性，且每天都有吸引消费者的更低价产品，所以 Zara 无需像其他零售商那样推出大规模折扣活动。日复一日，Zara 总能以固定价格卖出比竞争对手更多的服装产品——以每平方英尺门店面积计算，Zara 的销售额约比同行高 20%。与传统老款产品降价打折的销售方式相比，这样能给消费者提供更多价值，也能为公司带来更具盈利的成本结构。事实上，这是一种双赢局面。公司的能力系统越能以恰当的数量提供市场所需的产品，Zara 就越能（以较低的运营成本、更少的减价行为和更少的不良库存）向消费者传递价值。而这反过来又能提升能力系统的规模，因为会有更多回头客前来关注 Zara 服装的时尚新趋势。即便当其他服装制造商和零售商因盈利降低而苦苦挣扎时，Zara 的收入也在不断增长。此外，由于跟自身特有的能力关系密切，Zara 的这一能力系统几乎是不可复制的。

另一个范例是百事可乐公司的零食业务部门菲多利。三大相互协调的基础能力，包括人力资源和物质资本在内，皆与其能力系统相适应。菲多利的能力首先在于店铺直送。在许多国家和地区，菲多利并不依赖第三方配送网络，而是拥有自己的运输车队，并配备技术娴熟、工作热情积极的司机队伍——他们以善于与店主建立良好关系、安排货架空间、通过暂时赊账向店铺供货等能力而著称。（在某些地区市场上，店铺直送制度能够提供有限的银行业务服务。）为了保证店铺直送得到顺利执行，菲多利还开发了一套手持计算机终端系统。

当然，以现如今的眼光来看，店铺直送已经不算是一种非常差异化的能力了。许多经营袋包装消费品的公司都通过这种方式配送产品。但通过对信息技术的运用、员工培训和熟练的全球配送网络管理，菲多利在“正确时间将正确产品送到正确地点”方面依然保持着明确而独特的优势。更重要的是，菲多利还将这一能力与其他两种独具特色的能力相结合——一种是对于新产品（尤其是新口味）持续的创新能力，一种则是精通本地消费者营销项目的方法，借此增强消费欲望的能力。

与 Zara 一样，菲多利也建立了一条其他公司很难模仿复制的价值链，因为其三大能力彼此相互协调，共同发挥着不可替代的作用。例如，该公司可以迅速推广新产品，并广泛收集市场对其的反响。大多数袋包装消费品的公司在新产品市场测试方面都举步维艰，这是因为它们要依靠零售商的“铺货”。在美国，一种新产品的“进场费”高达一两百万美元。而菲多利可以自行“铺货”。这为其节省了大量成本，同时提高了新产品推出和测试过程中的灵活性。如果某种产品无法吸引消费者，菲多利可以很快将其下架。如果某种产品大卖，甚至出现更好的情况，因为公司“拥有属于自己的货架”，这些消息便可以直接传递给设计和营销部门。菲多利可以借此快速增强人们的消费欲望，增强与零售商之间的合作关系。

消除能力缺口

在第十章中，我们将就如何设计一套能力系统，持续对其进行改善，展开讨论。但在最开始的阶段，您应该重点考虑一个问题：在您已有的能力和亟须的能力之间，存在怎样的缺口？

您的营销方式，应该主要基于已拥有的能力。在建立营销方式的过程中，您应该将自身的所有长处都考虑在内。然而考虑到过去对于协调一致度的缺乏，联想到现阶段的目标，您必然会发现一些需要填补的缺口。事实上，有些时候这些缺口如此巨大，以至于会影响您取得“获胜资格”。您或许还要对既定的营销方式进行一番重新考量。（在第十章中，我们将讨论如何比照竞争对手的情况对这些缺口加以评估。）

如今，一些零食小吃类企业正面临如此困境。人们对于健康的追求已成大势所趋，许多食品制造商在创新的新型健康食品方面投入甚多。但在这些公司的内部，存在一股反对势力——其实这些人的疑问很有合理性，即企业能否兑现自身的承诺。此类公司在生产销售那些能够与客户建立情感联系的咸味或甜味零食方面颇有心得。然而随着它们将“更健康的食品”引入产品线，就会在创造价值方面遭遇困难。它们想要同时支撑两种营销方式，而每种方式都要求截然不同的研发与营销思路，于是它们的能力系统就有可能无法应对挑战了。

在类似的情况下，您没有必要满足于缺乏协调一致度的营销方式。您需要更加明确如何才能缔造新的营销方式。近距离观察那些在新领域赢得“获胜资格”的公司吧。它们都拥有何种能力？

然后您可以本着体现特色的原则，评估自身现有的能力。在这一领域，您在哪些方面比任何竞争对手做得都好？反过来说，若想以这种全新的营销方式取得成功，您都需要发展和取得那些能力？您需要引入新技术吗？是否要以新的方式培训和发展人才资源？以差异化思路投入研发？建立新的公司惯例，发布新的公司政策？与这些能力相关的专业人才在哪儿——公司内部还是外部？或者说两处兼有？

在您评估能力缺口的过程中，注意那些没有得到充分运用的能力。举例来说，您或许在供应链或法律行为能力方面投入甚大，而两者却只在一两种产品线上发挥作用、赢得回报。您要么将这些能力推广到整个公司(如果事实证明它们能够继续创造价值的话)，要么重新考虑是否继续投资。

另外一个需要考虑的问题，是如何将同样的能力推广运用于公司业务的诸多方面。相关的人力资源和运营流程是否以同样方式融入这些业务？如果不是，那么它们该如何介入？能力之间的传递是否由同一团队设计安排？或者说，您是否愿意让职能与业务部门的人员以共享方式提出并发展其自身的能力？

当然，您的能力与所属业务之间的相关性，并不仅仅是公司运营层面的话题。下一章将关注第三大战略要素：您公司产品与服务的搭配，以及它们与您能力系统和营销方式之间相适应的程度。

第六章　恰当的产品与服务

无论任何层级——从区域办事处，各个部门，到整个企业——对于一家公司而言，最能被客户和外界辨识的，便是其产品和服务。所以，大多数公司会以这些来自我定义也就不足为奇了。例如，经理们在自报家门时会说，“我们是一家汽车公司”、“我们是一家电话公司”、“我们提供有偿会计服务”等。即便是那些以“协调一致”的方式进行跨行业经营的公司，依然会保持它们的原有“身份”：以 IBM、苹果和迪士尼为例，尽管三家公司都是基于同一能力系统经营着非常广泛的业务，但 IBM 和苹果仍被视作“计算机制造商”，而迪士尼则依然是人们眼中的“动画公司”。

从内部来看，产品与服务的门类与一家公司的“身份”关系更为密切。公司会以此为依据计算自身的收益和成本，并在强化组织架构的同时扩充产品与服务的数量。这本是自然规律，但也存在负面影响。这样或许不会帮助您的公司在市场竞争中独树一帜，却有可能让您以雷同的产品线和服务项目与行业中的其他所有对手展开竞争。拜此类竞争的高成本和低效率所赐，它会放大“缺乏协调一致度”带来的弊端。这使得您的产品线与服务项目更难与您的能力系统相适应，也为设计现有业务组合的战略增加了压力。最后，它会使您的业务面临更大风险——如果市场形势发生改变，而您的旗舰产品不再适合市场需求，您将何去何从呢？

假如您能通过营销方式和能力系统来为公司定位，那么您将更轻易地体现自身的特色，获得“协调一致带来的回报”，并且在保持企业独特属性的前提下适应市场形势的改变。然而，这样做意味着在产品和服务层面实现提升。现在，决定产品和服务的潜在价值，并非其他因素，而是它们与您企业战略之间的关联程度。您应该摒弃那种基于单一个体的潜力，评估产品线和服务整体优劣的传统方式，代之以“协调一致”为基础加以衡量——看它们是否适合您的能力系统和营销方式。

不幸的是，许多公司并不太关注自身业务的协调一致性，或是产品线和服务对于这一指标的形象。在很多企业，所谓“适用”（通用）被理解成了“在相同领域”。人们往往想当然地认为两个汽车型号或是两种食品之间存在“适合度”，而不去考虑它们依靠的是不是相似的能力系统。这种观点导致许多公司向邻接市场扩展：初看上去它们的产品和服务与邻接市场之间存在相关性，但是可能要依靠非常不同的能力体系才能获得成功。（我们将在第七章对“邻接陷阱”进行更为细致地分析）正是因为这些原因，我们总是建议企业高管们，在产品和服务方面做出决策之前，应该先对自身营销方式和能力系统有个清醒的认识。在建立产品线和划定服务范围时，不要用它们互为参考，而是要以公司的整体战略为基础。

如果某些产品和服务不适用您的营销方式或是能力系统，您就会遭遇高成本、低效率的业务状态。这种情况常常会在您试图充分利用有限的投资、将其分配到过多业务选项时出现。市场上或许会出现一个在协调一致度上比您公司更胜一筹的竞争对手，它会在部分能力上进行重点投入，以支持更能满足市场需要的产品和服务，从而一次又一次地在市场上将您击败。您或许已经在部分业务领域见识过此种状况了。一旦这些业务遭到失败，因缺乏协调一致度而导致的高昂成本必将转嫁到那些适应市场需要的业务上，导致后者得不到所需的投入和关注。

坦率地说，如果您找不到一条恰当途径，将部分产品和服务与您的能力系统和营销方式结合起来，那么您可能根本就不该涉足这些业务领域。或许您应该将它们剥离，在此过程中释放出一些短期资本，重新投入公司中更具协调一致度的部门。

在这一章里，我们将从协调一致的角度，讲述如何对企业的业务组合展开分析。从企业层面说，“业务组合”指的是业务部门和业务项目的组合方式。但对于单项业务而言，我们用这一概念指代一家公司特定的产品线和服务范围。它还可以用来表示研究项目的组成，或是您计划中的业务扩展等。所有这一切，都有可能提升或者降低公司的协调一致度，而这取决于您所作出的抉择。

李施德林口袋装口香片：很好但不适合

李施德林口袋装口香片(Listerine PocketPaks)的兴衰故事，展现了那些原本具有突破性的产品或服务，由于没有恰当的营销方式和能力系统加以支撑，最后以失败告终的全过程正如我们在第一章中提到的，李施德林品牌所属部门的领导者们，在产品和服务项目方面做出决策时，几乎都是以协调一致原则作为基础的。他们主要青睐那些符合自身能力系统又能够以“健康相关用品”身份加以宣传的产品。PCH少数失败产品之一，便是其在21世纪初推出的李施德林口袋装口香片。

李施德林口袋装口香片，是第一种被引入美国市场的可溶解式口气清新膜。它从日本某产品汲取灵感，是一种如纸般轻薄的食用膜状口香片，可以在舌面上溶解，并散发出清新气味。这种产品被宣传为“让人免于漱口的口香片”，很快成为一个大受欢迎畅销品牌，成就了一段迅速成功的商业奇迹。PCH刚刚将之投入市场就尽享“开拓者先机”——推出该产品头一年，便实现了1.6亿美元的全年销售额。《时代》杂志盛赞，“李施德林口袋装口香片，是2002年最具突破性的发明之一。”

在PCH部门主管们眼中，这是一种完全符合自身能力系统和营销方式的产品，是李施德林口腔护理产品的自然延伸。他们试图引入公司在产品结构细化方面的能力，比如说基于“疗效”的营销宣传。但是，以“健康福利”为基础的宣传推广方式，并不适用于一种从本质上说属于糖果的产品。李施德林口袋装口香片需要被放置在靠近收银台的柜台上，跟口香糖和糖果一起进行销售，它必须依靠不断的口味创新才能持续吸引消费者。

因此，后来的事实证明，辉瑞在口香片领域的市场领导地位是短暂的。到了2004年，竞争对手们推出了十余种新的口香片品牌。其中，最具竞争力的对手，当属箭牌公司创立113年来第一种口香糖之外的产品——易极清凉糖(Eclipse Flash Strips)。箭牌公司之所以注意到这一业务领域，是因为口香片正在侵蚀无糖口香糖的市场份额。当李施德林口袋装口香片推出了只有一种口味的新产品时，箭牌的易极清凉糖便以四种口味(肉桂、薄荷、鹿蹄草和留兰香)迅速取而代之，成了口香片市场的领军品牌。

作为一家口香糖制造商，箭牌公司拥有一套以糖果制造为核心的能力系统，而这正是辉瑞所欠缺的。这一系统包括在糖果柜台占据显著位置的专业形象，以及迅速更新口味的创新能力。不论辉瑞这个“先驱者”多早进入市场，多么具有领先优势，也不管李施德林品牌的产品线多么庞大，仅凭恰当的能力系统这一点，箭牌公司就足以占据上风。

具有讽刺意味的是，“可溶解药膜”这一产品概念，最终还是更适合李施德林所属的那种以实现“疗效”为目标的能力系统——不过，却是用在另外一种不同的产品当中。如今，“可溶解药膜”又获重用，成了药物投送的工具，尤其适用于难以吞咽药丸的动物和儿童。

您或许也有类似的舍不得放弃的产品或是服务——它们要么包含太多创新内容，要么成本过高，但都不适用于您现有的能力系统。您或许已经无法继续维持这些产品和服务了。该怎么办呢？您应该逐个审视公司现有的产品与服务，对它们加以测试，看看您是否有能力以一种能够为公司持续赢得“获胜资格”的方式将其推向市场。

能力驱动战略的组合方式

对于一个追求协调一致的公司而言，依照传统的组合方式作出决策，可能会将企业引入歧途。波士顿咨询集团（Boston Consulting Group）于20世纪60年代创立的“波士顿矩阵”，为企业战略制定者提供了一条捷径，让他们可以根据市场份额（指明企业在市场竞争中的相对位置）和市场增长（指明整个领域消费者数量的变化）对各项业务、产品和服务加以分类。其中最引人注目的部分称作“星级”业务（Stars），拥有最高的增长率的最庞大的市场份额。此类业务是公司投入的主要候选目标。其他拥有较高市场份额的业务被称作“奶牛”业务（Cows），可以保持现状并持续得到收益。增长速度较慢、拥有市场份额较少的业务被称作“狗尾”业务，应当出售或者放弃。如果增长率和市场份额在某项业务领域发挥着不可替代的作用，并且预示该业务可以取得成功，那么这样一番分类就显得弥足珍贵了。随后，许多其他的组合框架也会被建立起来，以公司的财务指标为主要关注对象——考虑到企业对于短期财务表现有着持续性的需要，这一点也是可以理解的。

但在今天的市场竞争中，如果您在确定产品与服务组合时只考虑增长率、市场份额或是其他短期财务表现，而不把协调一致度和能力系统考虑进来，必将会给公司经营带来风险。如果说某项“星级”业务以19%的年增长率连续增长了两年，而某项“狗尾”的年增长率只有3%，究竟该对谁追加投入呢？假如增长较慢的业务与您公司的营销方式和能力体系更为协调一致，那么向其追加投入或许更合适一些。很多时候经营者考虑不到，如果将某项“星级”业务出售给拥有更合适能力体系的公司，或者减少对某项协调一致度不高的产品或是服务业务追加投入，会对企业发展更有好处。

如果“狗尾”业务得到应有支持，又充分利用企业独有的能力系统之后，究竟能创造出何种价值，是此类“矩阵”无法体现的。事实上，在大多数“增长率—市场份额”矩阵当中，这都是一个持续变化，应当引起高度关注的问题。战略历史学家沃尔特·基舍尔曾经这样写道，对于反对此类“矩阵”分析的批评者们而言，“假如那些低市场份额、低增长率的业务，在新的管理体制下，最终实现有利可图的良好结果，尤其会让他们心生愉悦。”市场份额至多只能算是协调一致度的滞后指标，通常无法体现“狗尾”业务的潜在价值。

即便是更高层次的财务评估，也不能预测协调一致度的未来走向。这些评估都会以公司维持协调一致度水平为前提，反映公司现有营销方式和能力系统的情况，而不会考虑公司改变经营计划的可能性。此类评估图表不会挑战公司现有的业务模式，也无法说明某项业务能否实现更高的协调一致度。它们还很难展现公司“缺乏协调一致度”的潜在危险：即主要业务成本增加或是受到影响，导致其无法专注于某一固定营销模式和能力系统。更有甚者，这些评估不会考虑变通选择，它们不会促使经营者们检讨，如果将某项业务或是产品线出售给其他与之协调一致度更高的公司是否值得，能换来多少好处。

不少企业已经开始意识到这一点，并在组合分析过程中引入了一种“适合度矩阵”。这是一个良好的开端，但人们对于“适合”的普遍定义依然有产生误导的可能性。多数情况下，“适合”与邻接市场扩张方式相关联：即同一领域的产品和服务存在互通性。换句话说，很多企业经营者在确定业务范围时考虑的并非“我和竞争对手的区别在哪”，而是“我们卖的都是些什么”。更糟糕的是，有关“战略适合度”的问题通常会在战略制定接近完成时出现，届时公司团队已经就业务表现得出结论，并基于这些结论展开下一步行动了。在这种情况下，“强迫适应市场”的结局就不可避免了。

所以，在制订任何计划之前，您最好首先对公司产品和服务的“适合度”加以分析。我们推荐采用图 6－1 中的组合分析模式。借助该图表，您可以更有效地评估公司业务的潜在市场价值，提前实现组合价值，，从而为企业带来更强大的市场适应能力，而不是在现有条件之间勉强做出权衡。同样，该分析模式还可以用来对并购行为加以评估（见第八章）。

图中的纵轴(价值)代表对产品、服务或是某个业务部门的前瞻性评估。为了实现它的该项功能,您可以引入企业价值或是股权价值(即从企业价值之中刨去净负债),根据未来可能实现的利润(净资本成本)或是未来的汇率变动,推导出产品、服务或是业务部门的潜在价值。(所有这些"矩阵"分析,皆以业务的潜在协调一致度不发生变化为前提。)

横轴分析的是协调一致度,正如我们在第二章所做的,对其进行详细量化,体现为能力系统区分各项业务的方式和水平。或者您也可以召集一群企业中层干部,依次对每一项业务展开分析。

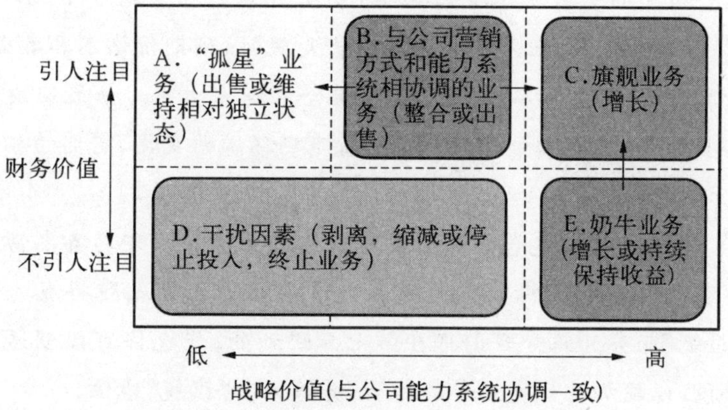

图 6-1　提高协调一致度的组合"矩阵"

来源:博斯公司。

您的业务将被划分为五个组别:

A 组:"孤星"业务——即协调一致度较低,但财务价值较高的业务。此类业务在别的公司或许会有更高价值。如果保留它们,会给公司造成"缺乏协调一致度"的隐患,因为他们所需的投入与您业务组合中的其他部分并不相关。找机会将其出售变现吧。您可以建立这样的业务部门,并在适当时机出售(就像辉瑞出售 PCH 那样),也可以反思您的营销方式以便将其纳入体系之内,或者干脆将其作为单独的小型业务对待(参考宝洁公司与品客薯片之间的关系)。提前行动，您便可以抓住有利时机，趁“接盘者”尚多，又普遍认为该项业务价值较高时将其出售，而不要等到业务价值开始萎缩，更强大的竞争对手出现时才急忙甩卖。

B组：存在一定协调一致度的业务——它们在市场竞争中表现良好，但与您公司的营销方式和能力系统并不完全关联。若想保留这些业务并对其进行持续投入，那么它们必须具备下列三个条件：1. 您认为它们能够保持领先竞争对手的状态，因为其所关联的公司能力可以持续满足消费者的需求；2. 支撑这些业务的能力系统，和您公司主业所需使您与竞争对手区分开来的独有能力（而非“桌面赌注”）相重叠；3. 在您计划将其出售变现时，预期价格不具备吸引力。否则，就请将它们从公司的业务组合中剥离出去。如果您决定保留这些业务，请务必小心经营。随着市场环境的变化，它们的相对优势也许会迅速消失。

C组：该组包含您公司最有前途的业务——即具备高协调一致度和高财务价值的“旗舰”业务。这些业务已经或即将成为公司的“星级”业务。正如我们将在第七章讲到的，您也许可以创造出一些手段，以便加快此类业务的增长，并稳固其“旗舰”地位。

D组：所谓“干扰因素”，是那些财务价值和协调一致度低下，影响公司发展并且成为“缺乏协调一致度”隐患主要源头的业务。针对此类业务，您首先需要关注的，就是避免因其导致金钱大量流失。接下来，您需要找出它们表现不佳的原因。您或许会以一个能够接受的价格将其出售变现；或者将其与公司其他业务分离，单独投资改善其业绩表现；或者在必要情况下终止业务。与A组业务类似，此类业务或许在其他公司更能体现其价值。您不妨寻找一下，看看有没有能够凭借其能力系统帮助这些业务实现更大价值的潜在买家。

E组：此类业务与公司营销方式和能力系统的协调一致度很高，但财务价值较低，按照传统的分析方式，或许会被划入“狗尾”业务行列。但它们同样代表着您最为保守（同时也是最为低估）的发展机遇。您愿意对这些业务追加投入,或是让它们更加充分利用公司的能力系统,从而帮助它们赢得"获胜资格"吗?如果您愿意这样做,如果您计划给予其更多的投入,那就将它们划到C组。如果不愿意,那就尽可能榨取它们的价值吧——包括金钱价值,以及它们对于公司能力系统和其他业务提供的支持——直到出售变现,或是业务终结为止。

无论是您的评估对象是业务部门、产品、服务,还是公司组合中的其他部分,相同的基本原则都是适用的:只要与公司既定的能力系统向结合,都能实现更好的表现。铭记这一原则,您就可以有条不紊地对公司业务进行评估,确定它们的"适合度",以及它们最为适合的领域。(面对潜在的并购机会,您也可以使用相同逻辑加以分析。我们将在第八章讲到这一点。)

重新评估奥斯龙公司的业务组合

奥斯龙公司,是企业对现有产品和服务的协调一致度加以重新评估,从而收获回报的绝佳典范。创立于1851年的奥斯龙公司,是一家市值16亿美元的芬兰纤维类材料生产商,主要制造复合材料和特种纸张。该公司生产的材料行销全世界,被广泛用于涡轮叶片、船壳、遮蔽胶带、过滤器材、婴儿擦拭布、医疗服装、茶包、肠衣、酒标、奶瓶用纸板、建筑材料和卫生用品等多种商品的制造。2008年至2009年,与诸多B2B公司一样,奥斯龙也受到了经济衰退的严重牵累。就在经济衰退的最初阶段,公司首席执行官简·朗格(Jan Lang)高度重视此事。他获得董事会批准之后,于2009年启动了一项计划,目的是对奥斯龙的企业战略和业务组合进行重新评估。

正如简·朗格所看到的,奥斯龙公司所面对的问题在于并未明确找出自身“作为一家公司存在下去的理由”——也就是维持企业整体性的逻辑法则。奥斯龙拥有庞大而繁杂的业务范围和组织结构，其业务部分需要依赖大量行业、产品和技术的支持。与此同时，奥斯龙也是一家具有高度创新性的企业，2009 年公司的净销售额中有近 5 成来自产品创新和产品改进。然而尽管某些产品拥有高额的回报率，或是在相关领域占据先发优势，但其他产品却只能苦苦支撑。为了避免持续损失，公司需要集中关注那些与自身业务组合之间潜在协调度较高，并能借助该有利条件进一步优化表现的业务项目，或者还可以增加一些更具战略价值的业务。

为了对公司的几十个产品线进行重新评估，奥斯龙的高管们首先确定了二十个产品组别，以便体现业务本身的独特属性及其产品对应的营销方式。随后，他们就进货标准调查了来自五十个国家的数百家客户，以期掌握每一家客户选择特定供货商的理由。调查结果直接或间接地体现了与每个产品组别最为相关的公司能力。相关分析还证实了某些管理团队成员的怀疑：公司的有些能力，诸如基本的产品品质和交付能力等，只能算是“桌面赌注”，是每一家材料供应商都掌握的。其他能力才是将公司与其他竞争对手区别开来的关键，比如创新能力、技术支持和价格等——这些是客户选择供应商时最常参考的因素。

在接下来的讨论中，简·朗格和公司的执行团队做出了总结，认为公司理应将自身业务划分成两大门类，并分别配备专属的能力系统和营销方式。他们研究了公司的产品与服务清单，将之分为两组。第一组包括玻璃纤维，植物羊皮纸，工业、医用和食品级无纺材料等，被称作“增值业务”。公司的“技术支持”能力可以为这些项目提供强大的支撑。奥斯龙的员工对客户的生产流程了如指掌，可以为后者的产品改进提供量体裁衣般的专属服务。这些业务部门通常已经借助这种方式与客户之间建立了紧密的联系。他们被贴上了“增长”和“扩张”的标签，甚至有可能实现小规模并购。

第二组包括砂纸、涂料纸、空气过滤材料和预浸渍装饰纸（用于生产各种层压制件）。这些产品的市场表现并非一直都好，但其所属的业务范围，可以让公司以“价值玩家”的身份展开营销。此类业务几乎不需要“技术支持”，对于大多数采购客户而言，价格是其考虑的最主要因素。从此刻开始，奥斯龙公司将重点提升这些业务的运作管理水平，以便提供更多具备价格竞争力的产品；同时改进成本控制，简化价值链条，让公司能够将大部分以增长为导向的投入分配给“增值业务”所需的能力系统。

这并不是一次传统意义上的业务重组。在整个管理团队的参与下，奥斯龙公司将其产品线有效简化为两大门类。这大致相当于，根据对应的营销方式，将公司业务分成了“旗舰业务”和“存在一定协调一致度的业务”。现在，有关公司投入、能力发展和组织架构的一切决策，都将基于明确的基本准则而变得更加简化。自从新战略发布以来，奥斯龙已经引入了一套全新的运营模式，足以支撑两大不同业务集群各自的使命，并且解放了销售、营销、产品技术开发等公司职能。更重要的是，公司在“增值业务”领域也找到了一系列新的增长点。同时，公司重新整合了价值链条和创新功能，以便为“增值业务”提供支持——尤其是改善了产品性能，缩短了客户的转化过程。

正如这一案例所展示的，对于产品和服务组合进行一番清晰审视，可以促使企业朝着协调一致的目标迈进一大步。反过来说，一家追求协调一致的企业，早晚都会面临这样一个重新评估业务组合的阶段。营销方式越明确，能力系统越完善，需要您解决的问题就越简单。

被剥离的星级业务

出售或者精简不符合公司自身营销方式和能力系统的业务，是能力驱动战略的一条关键内容。出售这些业务能够带来不少好处——比如说消除干扰因素，改善那些继续为企业创造价值的能力，为被剥离的业务寻找更适合的发展环境以便帮助其取得成功等。通过业务剥离创造的价值越多，您就能更有效地投入那些对于企业战略至关重要的能力。

出售某些有利可图的业务，或许会让您产生一些困扰。剥离那些“孤星”业务——尤其是某些业绩表现依然非常良好的业务——真的恰当吗?它们在别的公司或许能更上一层楼，但如此预期更会增加您做出抉择的难度。举个例子，笔者所熟知的一家化工企业，曾经通过并购获得了一项与公司主业脱节的食品业务。作为一个依靠调味料产品畅销天下的小型企业，这家被并购的食品业务部门，自身能力只够勉强支撑业务运营。此外，薄弱的竞争力也令其难以深入扩展产品门类，所以它只能不断在业绩表现不错的调味料产品上进行重复投入。经过深思熟虑之后，该部门的管理团队首先承认，他们不知道如何完全发挥自身业务的潜力。这样的业务或许属于“星级”，但也常常给人一种效率低下的印象；它们所需的能力远超部门本身的规模和影响力——原因很简单，它们与公司其他业务所需的能力并不相适应。

不论一家公司规模多大、力量多强，都不能做到面面俱到。作为公司运营者，总要面对抉择和权衡：每一个业务部门都希望能扩展自身的市场份额，每一个职能部门都希望建立属于自己的世界一流的能力系统，每一种产品和服务看上去都很重要。但是，如果对协调一致缺乏足够的认识，那么一切决策都会变成盲目的随机行为，从而与公司的整体战略脱节。真正的能力驱动战略，可以在艰难局面下帮助您和公司的其他成员以更为简单的方式作出抉择。

第三部分　创造价值

第七章　打开增长之门

2003年左右，沃尔玛的发展遭遇了瓶颈。这家连锁零售集团发现自身正处于困境之中。或许任何一家销售额达到2500亿美元的公司都会碰到类似的发展瓶颈，但对于沃尔玛而言，这却是一个陌生的全新课题。他在收益增长方面遇到了麻烦。

出现这一情况的原因很多。沃尔玛在北美的会员顾客正逐渐流失，而该公司试图新开店铺时，在各地又遭遇了令人生畏的阻力（包括社区抗议等）。将发展重点转向世界其他地方也同样面临诸多挑战。沃尔玛已经通过并购（阿斯达连锁超市）成功打入英国市场，然而在德国和日本，即便投入再多也无法立足。在美国市场，为了盈利，沃尔玛的领导者们陷入"降价促销"的传统零售游戏——打折商品特卖会。如此运作，对其"天天低价"的著名口号和既有的营销方式造成了不良影响。而且，"降价促销"模式需要沃尔玛在供应商关系、优惠券促销和店面再规划等方面付出更多努力，这与公司整体的能力系统并不相符。事实上，诸多品类的同店销售额已经开始萎缩——这令人担忧的现象充分证明，沃尔玛的基础业务处在一种不良状态。

显然，沃尔玛的领导层考虑过新的零售业态——好比7-11和乐购那样，建立精品门店或是社区便利店。实际上，沃尔玛旗下拥有大约150

家“社区超市”，但这些实验性形态并不能与沃尔玛的大型门店分享同样的能力系统，因此，至少在短期之内，这些尝试无法为公司带来期望中的收益增长。

于是，追求增长的企业高层就只剩下“提高现有门店销量”这一条路可走。比方说，他们可以尝试吸引顾客更多回到沃尔玛购物，别转投别家。尽管这看上去很明显是在零售业界求生存的必然举措，做起来却困难重重——大多数零售商宁愿依靠新开门店来换取增长，原因就在于此。为了提高同店销售水平，沃尔玛已经落实了数百项措施，诸如尝试提高门店客流量，吸引更多顾客“穿越走廊”（在“走廊”地带布置销售）从服装区来到杂货区（反过来同理）等。尽管这些措施充满活力和创意，却依然无法带来多少新的业务量。如果一定要说它们发挥了什么“作用”，那就是使得沃尔玛偏离了最擅长的领域，进一步造成了顾客们的困惑。

因此，为了增加收益的同时保持原有的协调一致度，沃尔玛领导层的首要任务，便是正确理解企业面临瓶颈的原因。仅仅是因为已经没有新的市场可供渗透了吗？还是说领导层应该改变某些方法？

他们首先重新审视了沃尔玛的能力系统——也就是公司已经具备优势的领域。例如，他们对沃尔玛在消费者洞察力方面早已精通的能力进行了提炼，根据当地族裔构成、收入水平、现阶段的生活状况、城市化水平以及其他零售商的竞争状况等关键因素，对门店进行了重新布局分类。有的沃尔玛门店可能设在收入水平参差不齐的乡村地带，有的可能临近高尔夫球场，专门为退休人士服务，有的或许距离一家正在急速扩张的小学不过几步之遥，有的则位于劳动阶层聚居的城郊。如今，这些店铺都分别进行了不同的店面布置和商品搭配，从而提升了营业额。

另外一项突破，来源于公司领导层对于某些商品类别的重新思考。在零售业界获取市场占有率的关键之一，便是关注所谓的“墙头草”，即那些并不完全忠诚于某家特定零售商，随时愿意转向最能满足其需要的门店购买商品的顾客。沃尔玛在消费电子产品领域发现了一些争取“墙头草”顾客的机会。对于那些认为在沃尔玛购物能享受实惠的顾客而言，消费电子产品本来就非常具有吸引力，而沃尔玛凭借自身的能力系统可以将这一吸引力做到极致：为顾客提供价廉物美、质量可靠的品牌货，尤其是音响、电视、相机、视频游戏以及其他以消费者为导向的产品。

为了从其他竞争对手那里争取更多的“墙头草”顾客，沃尔玛依靠敏锐的客户洞察力对自身的商品组合进行了调整。在竞争对手集中的个人计算机产品的城郊地区，沃尔玛选择不强调此类商品们，而是主推消费电子产品。但它在乡村地区依然保持着强大的个人计算机产品销售能力，因为那些地方的顾客很少能接触到高技术产品零售商，很欣赏沃尔玛所提供的导购服务。这家零售商还调整了员工队伍的构成以及知名产品的搭配方式，重新回归了以低价为基础的营销方式，不再依靠名目繁多的打折行为或是廉价的自有品牌。通过将强大的能力系统重新应用在适合的领域，沃尔玛创造了一个独特的电子产品廉价销售体系，甚至堪与“电路城”(Circuit City，曾经尝试采纳类似沃尔玛式的“价值玩家”营销方式，但失败了)之类更为专业化的电子产品连锁店相抗衡。

在门店的其他区域，沃尔玛也做出了类似的改变。公司大大简化了顾客的直接购物流程，取消了许多展示货架，淡化店面的“超市味道”，因为展示货架无法推广特价商品。这一改变帮助沃尔玛回归了“天天低价”的套路，同时降低了劳动成本，因为持续不断更换和打理那些特定商品货架，会耗费大量人力。此外，该决策还体现出，沃尔玛可以抵挡传统销售方式的诱惑——毕竟展示货架承载着零售行业的一大增长点。

另一方面，沃尔玛的高管们将销售增长点从数百个降低到数十个。他们减少了促销产品的数量，同时强化了促销的力度，将促销的目标确定为满足每一家店铺中顾客的特别需求和兴趣。如此简明清晰的方法，让门店经理们更加清楚地掌握那些行之有效的运营模式，并与同仁们交流分享。他们将自身的能力系统应用到少部分精心挑选出的新商品上——这其中不仅有电子产品，还有隐形眼镜、种类有限的新鲜蔬果 、常用药和移动电话等。这些改变让沃尔玛抢占了竞争对手的市场份额，让消费者们重新感受到了“天天低价”的价值所在。

沃尔玛自2008年以来取得的业绩，体现了引入不同能力系统和明确营销方式对于企业增长的价值。公司的销售率得到了跃升。2009年初的报告称，上一年新开的门店达到了5.1%的销售增长，超出了预期。当然，部分原因或许在于2008年至2009年的经济衰退，以及沃尔玛作为价值玩家主导者的市场地位。但公司在销售业绩上的跃升却超出市场分析人士预期的两倍；按照公司内部的统计数字，这一成绩主要来自改变最大的业务部分——电子产品销售。

在扩展企业规模的过程中，您或许也会做出与沃尔玛类似的决断。如果您希望按照一种适应自身的能力系统和营销方式实现增长，那么可供您选择的就只有四条道路：

1. 着重发展核心业务。充分利用现有的产品和服务，从已有的顾客群体中榨取更多利润，就像沃尔玛利用其消费电子产品部门一样。

2. 基于自身能力系统进行扩张，也就是利用公司现有的能力系统和营销方式，在新的市场领域拓展从前没有涉足过的产品与服务，从而对本身已有的产品和服务形成补充。沃尔玛实现这一策略的方式，便是新开一系列药店与生鲜蔬果店。

3. 在地理上实现扩展，您可以将企业迁到更加适合自身能力系统的地方，就像沃尔玛在伦敦取得成功那样。

4. 建立能够扩展现有(或是取代)营销方式的新能力，这有可能为您架设起一套完整的全新增长平台。这是四条道路当中最具风险性的。沃尔玛也曾经尝试过这条道路：具体措施便是建立诸多经营面积只有常规门店四分之一的社区便利店。

无论上述哪条道路，都牵涉到公司的内部“发展”(创新、产品发布及业务发展等)和对外“采纳”(兼并、收购、合作、结盟等)。只要能满足增长的需要，那些最具效率的公司会兼顾两者。(我们将在第八章中对兼并和收购进行更加详细的阐释。)

在图 7－1 中,我们以靶状图的形式展示了这四种增长方式——最能创造价值的手段位于靶心。您的选择距离靶心越远,可能付出的成本和遭遇的风险也就越大。

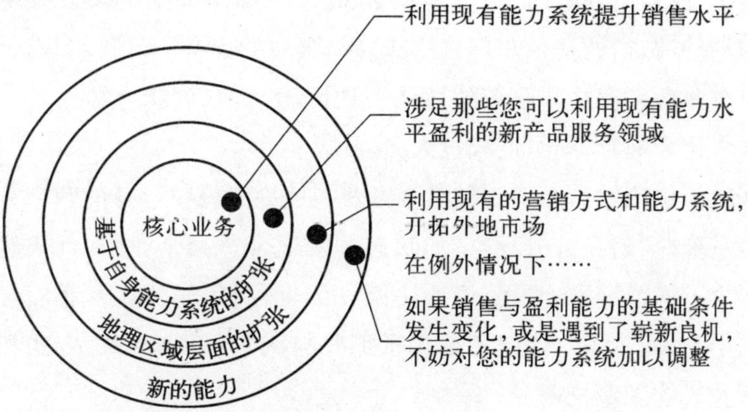

图 7－1　四种增长方式

来源:博斯公司。

若想在追求增长的过程中谋取最大价值,企业的经营者们需要以"协调一致"的视角来审视所有这些增长方式:明确企业的营销方式与能力系统是如何赢得有效增长的。接下来我们将分别加以剖析。

潜在份额:源自核心业务的增长

我们赞同《回归核心》(*Profit From the Core*)一书作者克里斯托弗·祖克(Christopher Zook)有关"以核心业务为基础加以扩张是最有希望的增长战略"这一论述。在考虑其他各种增长方式之前,自然应当首先仔细研究如何基于核心业务进行扩张,因为这是风险系数最低的途径。

关于现有客户群与公司营销方式的契合程度，您已经有了深刻了解。以核心业务为基础的增长，还可以为其他类型的扩张方式铺平道路，通过建立一套你所需要的，能够更好地为现有客户群服务的能力系统，您有可能在“协调一致度”上更上一层楼，并由此在其他领域为您的企业赢得更好的机会。

但是，我们所理解的“核心业务”的概念，与祖克存在差异。祖克所说的“核心业务”，指的是企业现有的产品与服务的集合。可我们却认为，假如一家企业现有产品与服务的协调一致度不高，有可能会导致其追求增长的努力化为泡影，同时造成投入损失。

据说沃尔玛就选择了这种增长方式。他并未修整自身的营销方式或是能力系统。“超级价值玩家”的状态非常适合这家企业，并且依然可以维系。为了增强这家连锁公司的协调一致度，沃尔玛的经营者们着实深思熟虑了一番。后来，他们还挖掘了那些与沃尔玛现有营销方式和能力系统相关联的隐藏机遇。

与沃尔玛的情况类似，对于您的公司而言，最具前景的增长面很可能也在您最具协调一致度的业务领域，在于其中的潜在份额。所谓“潜在份额”，指的是一家公司在市场上能够最大限度合理获得的市场份额。若想计算其可能的额度，请参阅下文。

评估您的潜在份额

为了评估您公司在某一领域的潜在份额，您可以从明确自身的营销方式开始。然后，计算出此种营销方式应得，但您尚未达成的市场份额，即暂时尚未购买您公司产品或服务的潜在客户比例。接下来，剔除您无法获得的市场份额，也就是那些出于种种原因无法购买，或是从来没考虑过您所提供的产品和服务的客户比例。剩下的便是您在市场中获得增长的预期值。

评估过潜在份额（或者叫做“增长预期”）之后，您应该反省一下为何公司现有的营销方式无法实现这些预期。是因为客户与您存在沟通障碍吗？是您的能力系统不够完善或是不够协调吗？还是因为其他营销方式类似的竞争对手在运作方面更具效率？

与沃尔玛一样，您公司在核心业务方面的潜在份额也极有可能超越您的预期。人们常常会惊叹于一种现象——当业界人士认为某项业务的增长已经遭遇瓶颈，举首回望也不知还有多少增长空间之时，总有业界翘楚冲破这一藩篱。

举个例子，多年以来，高乐氏（Clorox）一直都将金斯福德（Kingsford）木炭与旗下其他包装消费品同样对待，以传统的“广告、销售、供应链与研发”路线为其编制预算。木炭通常被人们视作季节性消费品，以夏天为销售最旺季，

在金斯福德木炭的生产销售过程中，高乐氏采取了一种“体验提供者”式的营销方式。公司并不仅限于销售成包的木炭和烹饪火源，还为购买者全家提供一种高品质的温馨情感体验。这一形式，为业务扩展了新的道路，将产品销售旺季提前至橄榄球赛季并一直延伸到感恩节期间。同时，公司还开始与各大食品品牌（如约翰逊维尔香肠、棒球场热狗、可口可乐、泰森食品、高乐氏自有的隐谷牧场和安海斯布希等）、零售商以及专业体育运动团队建立合作关系。为了配合这一新的营销方式，高乐氏展开了强大的推广与合作攻势。该公司将木炭定位为一种可以大宗购买的“冲动消费”型商品（比如说秋季烧烤之类“家庭餐会”的必备之物）。公司原有的某些能力，诸如传统的市场推广方式或是开发新产品的能力，对于这种产品而言已经不重要了。在这些举措的共同作用下，金斯福德木炭很快就成了高乐氏公司发展势头最好的“增长引擎”之一（而且这一势头还将持续下去）。同时，该产品也为那些与高乐氏合作的零售商创造了可观的利润。

另外一个例子是巴克莱银行（Barclays Bank）。2003 年，该公司发现自身与英国客户之间的关系非常单一。公司首席执行官约翰·瓦尔利（John Varley）后来曾经回忆道，“那些只把我们当成是一家银行的客户，

通常只在我们这里开设一到两个账户，而将其他业务留给了我们的竞争对手。”和不少银行一样，巴克莱银行也发现，如果它打算进一步发展客户互动能力，就相当于在现有客户群体当中发掘出所谓的“潜在份额”。事实证明，许多客户都希望能将自己的账户关系全部托付给一家银行——如果他们能在这家银行轻松愉快地办理全部业务，且能享受到费用减免之类的优惠，那就更好了。但在现有的机制下，巴克莱银行并不容易将这些付诸实现：每次新开一个账户都需要单独填写纸质档案，各分支机构的系统之间并未实现互联互通。

因此，巴克莱银行对其股票证券结算业务和客户管理进行了改进，打破了各业务部门内部之间的界限，造就了一系列相互协调统一的金融产品与服务项目。例如，根据一项名曰“开放计划”的全新方案规定，那些在巴克莱银行的储蓄和支票账户中存有资金的客户，可以享受贷款利息打折优惠。“对于典型的储蓄账户而言，借贷 10 万英镑，每年只需支付 700 英镑利息。这降低了客户在我们银行贷款的门槛，”瓦尔利曾经这样写道：“但却增加了公众对于我们金融产品的持有量。”如今，巴克莱银行的客户也可以通过一名柜员办理该行提供的一切业务了。

为了进一步改善自身的能力系统，巴克莱银行简化了组织结构，弱化了管理层的权力，以便分支银行能够做出更为侧重细节的决策。为了支撑这一改革，巴克莱银行将执行委员会人数减半，降至 5 人。如此程度的内部调整，步子似乎有些迈得太大，但瓦尔利和其他高层已经意识到，这对提升银行的能力有着至关重要的基础作用。如果巴克莱银行不改进其客户吸引与管理能力，单纯推出新的金融产品，将无法取得立竿见影的成功。这些改进措施并不会影响现有客户群所提供的利润。

基于自身能力的扩张：避免邻接陷阱

毫无疑问，所谓“扩张”——进入与公司核心业务相关的新领域——

有可能取得令人难以置信的辉煌成功。作为企业经营者,应该将这种方式纳入增长战略之中,如果您可以将自身的营销方式和能力系统用于新的领域,通常都能获得丰厚的回报。反之,就会遭遇失败,或是耗费大量投资方可取得成功。

不幸的是,许多公司在选择这条道路之时都会坠入"邻接陷阱"之中。它们扩展了产品线,寻找那些看上去似乎与自身现有业务相近的"未开发"市场,却误判了涉足这些市场所需的能力,认为自己天生就能适应新的市场。

就在1990年至2010年,数家主流航空公司旗下的廉价二线航空品牌,包括美联航的TED、达美航空的Song以及加拿大航空的Tango等在内,大多数此类廉价航空品牌都以失败告终。各家母公司都为旗下廉价品牌的推广、运作和航线投入了数千亿美元,却始终无法在成本上与西南航空和瑞安航空等从一开始就走廉价路线的竞争对手相媲美。从某种意义上说,如果那些运营廉价品牌遭到失败的航空公司能对廉价航线的运作方式进行一番更加细致的了解,或许就不会做出如此抉择了。开创新的廉价航空品牌,需要包括人事管理、市场营销、业务操作、票务定价等在内的诸多能力,而这些恰恰是那些主流航空公司欠缺或是无法承担的。

有关"邻接陷阱"最引人注目的案例,或许要数安海斯布希在20世纪80年代的遭遇。该公司涉足零食小吃行业的决定,当初似乎算是一个好主意,却最终难免悲惨结局。啤酒和零食小吃,看上去像是两个天生的"邻接领域"。两者通常会被人们一起购买,同样依赖强大的市场营销与分销途径,而在生产过程当中也都会用到酵母(至少有一部分零食小吃会用到,啤酒就更不必说了)。在安海斯布希的经营者们看来,零食小吃行业是一个价值110亿美元,且非常具有吸引力的邻接市场。该市场拥有较高的增长空间,初看上去并没有其他大型竞争对手。安海斯布希曾经在20世纪70年代末的"啤酒战争"中击败了米勒酿酒公司(Miller Brewing Co.),拥有非常雄厚的资金力量。公司的价值链对于在酒吧和餐厅里推销脆饼干和小吃等,早已非常熟悉。那么它在向百货商店和熟食店扩展销售渠道的过程中，究竟能遇到怎样的问题呢？

如果安海斯布希能更加仔细地研究一下零食小吃市场的获胜之道，或许就不会付出惨痛的代价了。啤酒行业与零食小吃行业之间，有许多能力是相通的，比如品牌差异性、消费者洞察力、分销管理、卓越销售以及货架管理等，但二者所需的能力也存在诸多不同，尤其是在分销和产品创新性等方面。

在美国，酒精饮料的分销是受到严格管控的，一切都要在以州为基础的三级管理体制下进行，得到一个或者更多个州级政府批准且允许经营啤酒的分销商不足3000家——他们从得到授权的酿酒商和进口商那里进货，同时只向得到授权的零售商供货。当安海斯布希宣布启动“鹰牌小吃”(Eagle Snacks)品牌以来，之前一直与其合作的独立啤酒分销商们既未做好准备，又觉得兴味索然。正如一位分销商对《商业周刊》抱怨道，“我们可不想分散注意力。将啤酒和零食小吃搭配起来销售，看上去或许是个好主意，但从生意角度来看，这一点也不切实际。”

其实，产品分销的实际情况要比安海斯布希高管们想像得更加复杂、成本也更高。零食小吃在体积和重量属性上差异明显。在常见的百货商店，它们所摆放的位置也大不相同(零食小吃在通道末端，而啤酒通常在冷藏货架上)，进货时也常常通过不同的途径进入商店(零食小吃从前门进，啤酒从后门进)。因为啤酒市场受到严格限制，安海斯布希并不了解零食小吃市场的营销技巧，只能以花钱购买货架空间告终——这是菲多利等拥有门店直销体系的企业不可能犯的错误。这些成本又进一步侵蚀了安海斯布希的利润空间。但公司上层却一直都未曾意识到啤酒与零食小吃在分销模式上的区别。至于产品创新方面，啤酒与零食小吃的产品周转率区别非常之大。零食小吃需要在口味和包装上持续变化，而主流啤酒却不需要这样做。

更有甚者，这家啤酒酿造商还选择了一条以外行身份参与其他市场竞争的错误道路。由于没有差异化的营销方式，安海斯布希不得不正面对抗菲多利强大的门店直销体系(后者堪称零食小吃界的“金刚”)。当

“鹰牌小吃”开始侵犯菲多利其下零食小吃产品在各大百货商店的位置，遭到了后者的强力反抗。菲多利一边升级分销手段一边降价，同时借助门店直销配送方式、客户营销推广、产品创新等堪称世界顶级的能力，推出了一系列新的产品。刚刚接过菲多利公司指挥棒的罗杰·恩里克(Roger Enrico)，将手下一万名配送员全部“调上前线”，并命令其中一些人全天候常驻大型超市，实时对摆放本公司产品的货架进行更新。他努力降低公司运营成本，开始在某些部门裁员(这段时间里，出现了菲多利成立以来的首例裁员)，同时通过追加投入提高产品的品质。相形之下，“鹰牌小吃”只有临时拼凑的分销系统，且在销售终端方面相对薄弱，导致市场占有率从未突破过6%，根本无法与菲多利高达40%到50%的比例相媲美。

安海斯布希是在1979年启动“鹰牌小吃”品牌的。1995年，公司4亿美元的年销售额中有2500万被倒贴进了“鹰牌小吃”，于是该公司决定出售这一品牌。这家啤酒酿造商最终以非常低廉的价格将其卖给了宝洁公司。安海斯布希十六年来的持续投入，只换来出售四座加工厂时的1350万美元——除了菲多利，再无他家愿意收购这些工厂。最终，安海斯布希在合同上写下了“鹰牌小吃”的身价，致使其股价大受影响。

无论是那些航空公司还是安海斯布希所遭遇到的“邻接陷阱”，都是很常见的。随着企业向某些看似适合自身营销模式的行业扩张，问题便会出现。随后经营者会意识到，依靠现有的能力系统无法支撑企业在新的市场领域取得成功。由于企业本身并未做好进军新市场领域的准备，就会导致经营者在追赶竞争对手的过程中心烦意乱——无论是添加之前未曾列入计划之中的新能力(同时会降低能力之间的协调一致度)，还是单纯尝试以更有效的方式重新整合自身资源，都会造成这种副作用。同时，市场上其他竞争者(比如说西南航空和菲多利)早已牢牢占据了有利地位，它们拥有必要的能力，且在效率和规模上已经达到了一个难以撼动的程度。而那些进行“邻接扩张”的企业只能成为二线竞争者，投入越来越多，却只能换来非常有限的市场份额。等到那时候，“邻接扩张者”们已经很难以盈利状态抽身——摆在它们面前的，就只剩下“早点抽身损失小些”和“晚点抽身损失更大”这两条路了。更糟糕的是，那些真正对邻接市场竞争有正面意义的能力一直无法得到应有的关注和投入，只会给其他竞争者创造可乘之机。安海斯布希就经历了这样一番折腾：由于精力被快餐小吃分散，该公司的经营者们忽略了来自小酿酒厂的挑战。

为了避免遭遇“邻接陷阱”，无论是市场潜力还是自身的能力系统，您要做的都不仅仅是“考虑”这么简单。如果您的公司计划向毗邻领域扩展，您首先应当将您企业的营销方式和能力系统预先代入这一环境加以考量。原有营销方式和能力系统的组合会以怎样的形式让您在新的市场赢得获胜资格？这些投入会对您公司的其他业务和部门造成何种影响？

苹果电脑公司和迪士尼公司，是两家成功进行了“邻接扩张”的公司。正如我们在第四章中讨论过的，苹果公司将一套单一的能力系统运用到了种类繁多但看上去彼此毫无关联的领域之中，而迪士尼的事例似乎更具说服力。自从沃尔特·迪士尼(Walt Disney)最早创作出米老鼠这一卡通形象以来，迪士尼公司的营销方式基本没有变动——借助强调人物性格和情节冲突，通过电影、电视、剧场、活动、主题公园和服饰细节(在沃尔特·迪士尼看来，服装也是娱乐的一种形式)等渠道吸引特定的观众群体。取悦参观奥兰多迪士尼公园里的家庭的能力，可以用在将“狮子王”搬上百老汇舞台的过程当中——除了迪士尼公司的经营者们之外，还有谁会知道这番道理呢？

将“狮子王”真正搬上百老汇的舞台，需要内容开发、渠道管理、体验设计以及版权法规方面的复杂能力加以支持。为了建立并适用这些能力，迪士尼公司耗费了数年时间。这家公司掌握着一种技巧，能够将那些旁人看来并不起眼的东西——诸如主题公园(20世纪50年代)和电脑动画(收购皮克斯动画工作室)等——转化成为自身独有的能力。有些时候，当一家公司尝试跳出这样的营销方式，即便迪士尼这样的企业也有可能落入“邻接陷阱”之中，比如说收购米拉麦克斯电影公司(Miramax Studios)。

经过深思熟虑的邻接扩张，可以为公司带来长期利益：它可以强化公司的能力系统，从而提高现有产品和服务的利润预期。这就是我们常常建议公司企业先以此种方式扩张，而不是直接进入崭新陌生领域的原因所在。在进行任何形式的邻接扩张之前，企业经营者应当自问，整个企业能否因此变得更加强大？现有的能力系统会否得到补充？还是说这会榨干现有能力系统的资源，却无法换来回报？如果答案是后者，那么您所面对的“机会”很可能是一个“邻接陷阱”。

地理区域层面的扩张

大多数尝试在新的地理区域获取立足之地的公司，都不会从自身“获胜资格”的角度出发，对有可能出现的挑战进行一番预判。如果目标区域是一个新兴市场，这些公司的经营者们常常会问：“难道我们不应该打入这个市场吗？难道这不是我们即将获得增长的宝地吗？”如果目标区域是一个成熟而稳定的市场，他们则会问：“难道我们不应该打入这个市场，保证我们品牌的全球知名度吗？”然后，他们就要绞尽脑汁打破壁垒，克服法规限制和特权优惠等障碍——这恰恰是当地的竞争对手所占据的优势。这些公司将会陷入混乱而不协调的运营局面，空有能够打遍全世界的营销方式和能力系统，大幅投入之后却只能换来相对微小的回报。

考虑进入某个市场之时，企业经营者应当首先自我审视一番，看看企业现有能力可否支撑在新的市场竞争中占据先机。如果企业自身的能力系统不够强大，必须结合某些“桌面赌注”方能参与竞争，那么还是值得谋划一番的。但是，如果您公司的能力系统并不适合目标市场，或者缺乏在竞争中取胜的关键因素，那么进入新市场之时您将面临更多困难与挑战。企业若想在地理区域层面实现扩张，最有效的手段通常是进入与原有市场同属一片地区的市场——此类市场一般都与原来的市场拥有相似或是互补的属性，比如说社会经济状况、基础设施、语言文化以及市场动态等——您可以在这些市场上充分利用自身的能力系统，以期在更多此类市场中赢得“获胜资格”。

在进军非洲、亚洲以及更广阔的中东市场之时，沃达丰(Vodafone，德国)、挪威电信(Telenor，挪威)、阿联酋电信(Etisalat，阿联酋)和沙特电信(Saudi Telecom，沙特)都采取了行之有效的“两步走”战略。起初，这些运营商发现，电信行业常见的营销方式和能力系统并不适用于高速发展的新兴市场(诸如阿富汗、孟加拉国、印度、印尼、尼日利亚、斯里兰卡和坦桑尼亚等)。这些国家的用户非常热衷于拥有移动电话，当地几乎没有传统的固定电话系统，且民众收入也大大低于成熟市场水平。更有甚者，这些外来电信运营商所要面对的竞争对手，是对客户喜好和市场运作情况有着深刻了解的本地企业。因此，外来者们必须在这些市场引入一套不同的营销方式——以创新切入市场，同时强化快速模仿能力。

不过，它们还需要掌握新的能力系统，以便适应意图进入的新市场。所以第一步(考虑到这些市场的经济依然处于快速发展阶段)，它们围绕“精益运作”和“低成本模式”(比如说集中投资以换取分享基础设施的资格，同时强化间接营销渠道)建立了一系列新的企业能力，并为低收入用户创新定制了专属的服务模式。这些与它们在本土经营时运用的能力存在很大区别。的确，它们引入的某些创新模式，比如说为没有银行账户的人提供以移动电话为基础的支付手段，在其本土市场上或许是遭到禁止的，却可以在新的市场获得较高的自由度。与此同时，这些打入新市场的电信企业还可以充分利用一项只有它们才有的能力：它们明白电信市场是如何一步步达到成熟状态的，所以能够抢先推出满足未来需要的新产品和服务。

在第一个阶段，这些电信运营商基本维持着两套营销手段和能力系统——有一套用于新市场，另外一套则用于原有成熟的本土市场。但是现在，随着某些新兴经济体的发展进入了第二个阶段，外来电信运营商们本来的两套能力系统逐渐合二为一。举个例子，数家跨区域电信运营商正在将自身近年来在新市场建立起来的运营模式(包括精益运作和低成本模式在内)转移到原有的本土市场。这有利于它们降低成本,使自身的业务价格更具竞争力。某些企业还将创新的移动电话支付业务带回了欧洲,以适应人们对于新闻和娱乐媒体的"微支付"需求。

建立新的能力

应该如何应对核心业务之外的持续增长呢?面对大量的新业务,您也需要建立众多新的能力。难道要重新建立一家公司,完全改变营销方式吗?坦率地说,对于大多数此类"机会",我们都抱着怀疑态度。基于这种选择而制定的企业发展战略,是最难推而行之的。况且,在"蓝海战略"推动下围绕核心业务进行发展,有可能会让您错失眼前那些凭借现有能力就能获取增长空间的机会。

尽管如此,作为企业经营者,您还是有可能遇到面临此种抉择的时刻:要么将公司推倒重新整合,要么将您的业务出售给愿意那样做的企业。这样的例子并不鲜见,例如,引入一种新设备往往会带来新的挑战和机遇,或者长期为您提供庇护的政府当局现在打算将您的公司"私有化",等等。

即时成像摄影技术的开创者宝丽来公司(Polaroid),却成了数码影像技术崛起的牺牲品——这是最具警示意味的商业案例之一。乍看之下,这一案例或许与追求"协调一致"的理论相悖,因为从来都没有人指责宝丽来公司的创始人兼首席执行官埃德温·兰德(Edwin Herbert Land)将公司带上了一条"缺乏协调一致度"的道路。正如一位当初在宝丽来开启职场生涯的前任研发工程师用略显粗鲁的言语向我们指出的,"兰德绝对是个追求协调一致的家伙,他甚至忘记了其他所有经营思路。"

然而深入探究一番之后您就会发现,宝丽来并未受到自身营销方式或者能力系统的"羁绊",而是败在了为自身"定位"的过程之中。公司在运作过程中一直将即时成像技术当成自身最为关键的能力,却忽略了为开发、推广该项技术而建立的其他能力。由此导致的“症状”之一，便是没能将公司实验室研发出的其他技术（比如平板电池和微型电动机等）进行商业化运作。作为技术与元器件的创新者，宝丽来公司的营销方式原本可以与数码时代实现完美融合；对传统即时成像技术的推广营销，可以很容易地转化成为对电脑芯片图像存储技术的推广营销。宝丽来本来还可以进军那些自身创新能力适用的业务领域，例如其他个人消费类电子产品等。但它并没有——或者没有足够的能力——将这些能力运用到别的业务领域。兰德辞世十年之后的2001年，宝丽来被数码影像技术的革命彻底摧垮，申请了破产保护。如今，宝丽来曾经辉煌的历史只剩下一个孤零零的品牌名称了。

相比之下，您不妨参照一下19世纪的案例。商业历史学家兰德尔·斯特罗斯（Randall Stross）曾经讲述过部分马车车厢制造商成功转型生产汽车的案例。这些企业本身拥有一整套以制造个人通勤车辆为核心的营销方式，意识到可以将原有的能力系统运用到汽车制造这一看上去颇为陌生的全新业务领域。在“后马车时代”，人们依然需要座椅、车门和减震弹簧，从而获得相对舒适的乘坐体验以及其他享受。从邮资机租赁商转型成为通讯软件与服务商（比如为公司企业的客户服务中心识别判定地址）的必能宝公司（Pitney Bowes），以及从纸质电脑杂志出版商转型成为复合型线上媒体系统平台的国际数据公司（International Data Group），则是两个更为“新近”的案例。

有机增长和无机增长

大体而言，您在制订增长战略之时还要进一步考虑三个要素。首先，追求增长永远都是合理的企业行为。机遇有可能出现，但市场动态也有可能发生变化。即便是最具“协调一致度”的企业，也必须戒骄戒躁，继续寻找增长空间。

其次，经营者在制订增长计划之时，应当依据公司经营的业务，而不是公司现有的条件。与实体资产相比，公司能力更适应新情况。当您的公司需要向新客户、市场和地理区域扩张，或是引入全新的营销模式，您将无需对公司本身进行重新整合。

最后，将兼并和收购列入您的整体增长计划。通过市场营销和产品研发扩展业务，或许是一种效率较低的扩张手段。如果您的营销方式包括“维持较高回报”，那么就有必要在某种程度上引入人工干预的增长方式。所以，作为一个协调一致的公司，必须将“兼并与收购”列入增长战略的一部分。在下一章里，我们将对这一话题进行一番详细阐述。

第八章　兼并与收购

亚马逊为何会在2009年收购美捷步这家在线鞋服店呢？亚马逊的主要目的肯定不是鞋店业务，因为他旗下本就有一家名曰 Endless. com 的网上鞋店；美捷步的网站界面自然也不是亚马逊的目标，因为 Endless 的界面更能吸引人们的眼球；至于资金流量就更不必提了，美捷步是一家有着十年历史的老牌鞋服网络销售企业，拥有忠实的顾客群，却几乎无法盈利。

其实，这场收购案与资产本身完全无关。亚马逊的目的在于能力——尤其是美捷步可能为亚马逊原有能力系统带来强有力的补充。美捷步被收购案，是体现本章主题思想的最佳范例：那些创造最多价值的公司，通常都能将自身规模增长和并购增长完美结合，并借此对自身的能力系统加以发展和扩张。

美捷步在网上零售界面设计和客户关系管理方面拥有相应的能力，从表面看，与亚马逊自身的能力非常相似。但是，凭借别出心裁的思路和独有的创新文化氛围，美捷步在某些方面已经强过了规模上更胜一筹的后者。亚马逊以客户服务领域的自动流程化著称，客户在申请售后服务时几乎无需人工仲裁干预。然而一旦客户需要人工仲裁干预，却连服务电话号码都找不到。相比之下，美捷步网站的每一个页面上都标有免费客服电话，鼓励客户拨打。电话中心的客服人员都经过了特别训练，明白如何满足客户的维权需要。美捷步公司非常重视客户服务，甚至将公司总部从旧金山迁到了拉斯维加斯，以便充分利用后者训练有素的客服人力资源（来自酒店业）、24 小时工作的文化氛围和较低的生活成本等优势。此外，美捷步还在 Twitter 等社交网络平台上保持在线——假如有人发布一条赞颂自己所购鞋服的状态，通常 30 分钟之内就会有一名美捷步的员工回复该状态。对于那些沉迷于社交网络平台的人们而言，这样的回复非常引人注目。

尽管亚马逊有理由维持原有的客户服务方式不动摇，但创始人贝索斯仍旧意识到，美捷步的客户服务方式可以赢得极高的客户满意度，与亚马逊相比有过之而无不及。更重要的是，通过收购美捷步，贝索斯“吞下”了一个像亚马逊本身一样有着长期发展规划的竞争对手，而被收购者的能力还有可能帮助亚马逊吸引更多客户，甚至以更为恰当的方式进军新的市场。一次性将这些能力据为己有，还能“消灭”一个潜在的长期对手，绝对是一个不可错过的好机会。

亚马逊的历史上有过许多次类似的并购经历。它收购了有声图书供应商 Audible. com，并由此为自身的 Kindle 阅读器引入了数字化有声阅读功能。亚马逊还收购了中国最大的网上书店——卓越网（Joyo. com），让这家美国企业在中国拥有了一套运输、分销和支付体系。收购数字影像评论网站 Dpreview. com 之后，亚马逊成了世界上有关手机、掌上电脑（PDA）和电脑相关设备，并由用户自行发布内容的最大平台。收购二手书类信息网站亚伯书店（Abe Books），使得亚马逊在二手书、珍本和绝版书行业站稳了脚跟，并扩展了旗下图书经销商网络的范围。

简而言之，在作为电子商务先驱闯荡市场的最初十五年间，亚马逊的并购行为一直都秉承着两个目标，一是引入新的能力，并对自身原有的能力系统形成补充，二是进入那些能够更高效利用自身能力的全新业务领域。您也可以这样做。

剖析并购行为

并不是所有的并购行为都能为企业增加价值。如果您想借由一套能力驱动战略为您的公司增加价值，就需要将并购列入计划之中。如果站在能力驱动战略的角度来看，并购交易行为与其他传统经营方式在管理上是存在明显差异的。比如说，在您制订战略的过程中，除了要评估公司的财务状况和增长机遇之外，您还必须对公司的协调一致度加以审视。您现有的能力是否足以支持合并之后的新公司？并购行为能否对现有的业务进行强化？您是否要被迫引入目前尚不具备的能力，或投资建立一套全新的能力系统？如果伴随收购对象而来的某些业务无法适应您公司的能力系统，您打算多久将其以合理价格出售给那些能够更好对其加以利用的公司？总之，协调一致度较高的公司会将并购行为视作对自身现有发展战略的支撑，而不是从头开始重新制订一套战略。

如今，越来越多的实验证据证明并购行为是很重要的。有两个研究项目专门跟踪调查了 1995 年至 2009 年间美国健康与公共事业领域的并购行为。研究人员归纳出了三种并购样式：

> 能力建立型：就一部分并购行为而言，收购者之所以看上被收购者，是因为后者可以为其带来某种更新或者更优越的能力，能够更好地对公司的主要营销方式加以支撑。例如，某些健康保险公司会选择并购健康与疾病管理机构，以便为客户提供预防服务；而其他企业会选择并购在成本管理或是信息技术能力方面独具优势的竞争对手。
>
> 规模与整合型：有一部分公司在进行并购行为时选择的目标，是那些同自身拥有相同基本产品线和能力系统的同行，以便继续沿用现有的能力。例如，波士顿科学公司(Boston Scientific)收购了佳腾公司(Guidant)，两家公司长期以来一直都是医疗产品制造领域的竞争对手。

多样化型：第三类企业之所以进行并购，是以被并购者为途径进入一个新的市场或是行业领域——要么是两面下注，以免自身陷入“所有鸡蛋装在一个篮子里”的窘境；要么是将热门业务纳入旗下（从而提高利润率或是获得增长）；要么是为了谋求规模扩张后的潜在利益。这种类型的并购往往缺乏协调一致度，因为它们并不能适应或是改善公司原有的能力系统。

从针对健康事业领域并购行为的研究结果可以看出，前两种并购行为总体而言比那些“挑花了眼”的多样化型并购强得多。若以交易后一年间并购者的股价衡量，在以强化公司能力为目的的并购行为中获得成功的企业要比失败者多出 38%。以规模和整合为目的的并购行为，成功与失败概率各占五成。而在那些以实现业务多样化为目的的并购行为中，失败的概率要比成功高出四成（因为会降低公司的协调一致度）。

针对公共事业领域并购行为的研究也得出了类似的结论。在这两个项目中，大多数以实现业务多样化为目的的并购行为都未能取得成功。经营者预想中的业绩提升（只不过是“成本协同效应”在起作用）完全被缺乏协调一致度的运作抵消了，因为每一项业务所需的能力系统都各不相同。

为了增长而并购

在决定优先进行那一项并购之时，您不妨对第七章中描述过的四种增长方式加以考量：

1. 您可以提升公司的核心业务，通过并购行为让公司的能力系统得到更有效的部署，就像亚马逊通过收购美捷步获得客户服务方面能力一样。

2. 您可以对自身能力系统的毗邻适应性加以考量，购入那些可以继续沿用自身营销模式和能力系统的产品和服务，就像亚马逊收购亚伯书店那样。

3. 您可以在地理层面上扩展公司的底盘，将现有能力系统和产品带给新的市场和客户，就像亚马逊在中国收购卓越一样。就算是一家公司的能力系统适应新的“地理环境”，也时常在业务中遇到截然不同的元素——尤其是在配送产品、理解消费者需求、法律问题和制度约束等方面。因此，并购（包括结盟和合作在内）是企业进军新市场的有效手段之一。

4. 您可以通过购入新的企业能力与市场地位，扩展（或是取代）公司现有的营销模式，并借此为自身赢得全新的增长平台。您只能在公司必须引入全新营销模式之时考虑这种并购方式——当找寻到可靠的发展路径时，您便可以通过这些并购行为在新的业务领域得到“获胜资格”。

与自身规模增长一样，并购也应当从最容易取得成功的领域起步，并购目标必须适应公司现有的能力系统。您应该尽量避免“邻接陷阱”。企业在并购过程中很容易将目标确定为那些拥有类似产品的同行，或者通过并购交易贸然进入一个新的地理区域，最终却发现被并购的公司或者新进入的地域所需的能力与自身原有的能力系统存在巨大差异。并购同一产品领域的同行，并不能保证新旧业务之间实现无缝衔接——这一点在航空运输与汽车制造业便有明显的体现。

有些时候，通过充分利用自身能力系统优势，有可能降低并购行为的风险，并提升其价值：您可以瞅准机会收购其他公司“低价处理”的资产和能力，因为它们在您的能力系统与营销模式下有可能表现得更好。如此渐进，随着各项业务被那些拥有优秀能力系统的公司收购，整个行业的协调一致度也会得到提升。

通过并购实现增长：巴西伊塔乌联合银行

伊塔乌联合银行，是企业通过并购实现增长的典范——更难能可贵的是，在通过并购做大做强之时，这家银行依然保持着很高的协调一致度。伊塔乌联合银行成立于2008年，是伊塔乌银行(Unibanco)与巴西联合银行(Banco Itaú)兼并整合的产物，也是南半球规模最大的私营金融企业。

该银行的发展历史有两条主线。其一可追溯至1924年，当时卡萨莫雷拉萨勒斯银行(Bank Casa Moreira Salles)在巴西东南部宣告成立。后来，卡萨莫雷拉萨勒斯银行改名为巴西联合银行；1995年收购巴西国民银行(Banco Nacional)之后，联合银行成为该国境内最大的银行之一。另外一条主线的源头，是1945年巴西中央信贷银行(Banco Central de Crédito，也就是后来的伊塔乌银行)在圣保罗成立。自那时起，该银行在拉丁美洲地区并购了超过二十家银行，并与其他许多同行建立了合作关系。

两家在各自的发展历史中间，都倾向于并购那些可以与自身营销方式无缝衔接的同行——其并购行为看上去非常相似。20世纪八九十年代，无论是伊塔乌银行还是联合银行，其发展战略都是基于为客户提供解决方案而制定的：比如说帮助客户应对通货膨胀，在巴西和整个拉丁美洲脆弱的经济大潮中保护他们的利益等。至2000年，随着巴西的经济走势趋于稳定，通货膨胀率逐渐降低，人们对于经济实现稳定增长提出了较高期望，两家银行也开始转而为客户提供投资指导。

在全球经济危机高潮阶段的2008年11月，巴西联合银行与伊塔乌银行宣布合并。自那时起，伴随着巴西在全球经济中的影响力日趋扩大，该国金融行业的服务品质与广度也变得空前重要起来，作为银行业“解决方案提供者”的价值越发关键了。目前，伊塔乌联合银行的发展战略是进一步推进这种营销方式，对自身通过并购而获取的一系列金融业务加以整合，使其成为一个“无缝衔接”的整体，在不增加经营复杂度的前提下扩展公司的业务视野，并向拉丁美洲其他地域扩张。

伊塔乌联合银行借助一套独一无二的能力系统实现了这一战略。其中一大能力，与把握机会和本地客户互动密切相关。无论是在巴西国内还是其他拉丁美洲国家，在进入新市场之时，伊塔乌联合银行都会对当地的限制条件和客户需求加以分析。这体现了该银行低调务实的企业文化。按照其运营团队的说法，他们是通过逆向思维了解到该战略重要价值的：外国银行进入巴西时，常常忽视本地市场的环境和限制条件，导致无法立足。

伊塔乌联合银行一流的运作能力，也是其独门绝技之一。这些能力包括“后台办公流程”与相关“技术”——也就是说，它可以比拉丁美洲地区大多数其他银行更早一步进行投资。伊塔乌联合银行在“小额银行业务”方面的流程控制尤其为人所熟知：其运作流程实现了标准化，可以在为数繁多的业务之间实现无缝衔接。与许多其他竞争对手不同，伊塔乌联合银行还将这一标准化的流程控制推广到了投资业务和私人银行业务领域。“这是可预见的，而且非常可靠，”一位业内人士如此评论道，“做这家银行的客户，就像去麦当劳吃饭一样简单：偶尔您可能想要换换口味，但你永远知道能点些什么。”

第三项能力便是理解并适应当地的种种限制条件（无论巴西国内还是国外尽皆如此）。举个例子，20 世纪 90 年代中期，当巴西开始推行银行私有化之时，伊塔乌银行便已经是银行系统中间重新整合进程的重要参与者了。伊塔乌联合银行将这一能力用于其在全球范围的业务扩张，在阿根廷、智利和葡萄牙的小额银行业务领域站稳了脚跟，还将触角伸向了卢森堡的私人银行业务领域。

三项能力加在一起，为伊塔乌联合银行造就了可靠的多层面金融业务体系。凭借自身的能力系统，该银行在兼并收购的同时，在协调一致度方面也有所提高。以某次并购交易为例，被收购者在业务流程、业务知识和产品服务方面的价值，很大程度上要仰仗于其对收购者相关能力的适应。就此次并购在金融业务方面的影响而言，并不能保证其他业务也能适应收购者的相关能力。凭借标准规范化的运作，以及融合其他金融机构于无形的战略方针，伊塔乌联合银行找到了一条相对容易自然的并购之路。

如何实现协调一致的并购

若想保证在并购交易中牟取价值，需要着重关注两个方面——并购之初的观察，以及并购后期的整合。每家公司在应对这些问题时都有其独到的方式，本书无意对其进行广泛而细致的分析。但我们有必要列出一则指南，帮助您的公司在这两方面作出调整，以求获得更高的协调一致度。

第一，在并购交易的观察阶段，您应当着重关注能力部分。成功的并购交易都是以能力取向为基础的。作为收购者，除了通常意义上的观察，还需要了解被收购者在诸多“压力”条件下（尤其是财务和法律方面）的表现——尤其需要注意的是，被收购者的能力系统能否适应收购者的产品和服务，以及被收购者的产品和服务能否适应收购者能力系统和营销方式。

第二，重视并购后期的整合。两家公司在能力、产品、服务等方面适应融合的程度，对于合并后新公司能否取得成功至关重要。但这些在交易过程中很容易被忽视，因为实体资产（厂房、客户清单、专利权等）更吸引眼球。并购交易完成后，新公司往往要削减能力方面的投入，以便弥补收购者在并购过程中付出的成本。具有讽刺意味的是，通常面临削减投入压力最大的，恰恰是那些最需要追加投入的能力。

为了避免发生这种情况，您应当提前辨明那些需要加以保护的能力。您应当未雨绸缪，做好前期计划，向相关的业务领域追加投入，同时放弃部分业务，将其关停或是出售。雇佣那些有助于建立或是运作公司所需能力的人才，这一点尤其重要。

参与交易谈判的人们或许并不了解哪些人员或是业务应当加以关注，哪些需要放弃。作为一名睿智的商业领袖，您必须做出决策，保留那些可以帮助公司占据先机的人员和能力。您可以依赖以知识为基础、以整合并购双方能力系统为目标的“精英团队”实现这一目的。宝洁公司于1997年收购丹碧丝(Tambrands，丹碧丝牌卫生棉的制造商)，并且遣散了后者的运营团队。宝洁公司的高管们非常担心丹碧丝原来的雇员有流失——如果出现那种状况，宝洁将丧失保持丹碧丝品牌成功运作的技能、与产品相关的能力，以及该厂商之前与客户建立起的亲密联系。于是，宝洁公司寻访了许多曾经在丹碧丝供职的人士，并运用模糊逻辑建立了一套可资搜索借鉴的经验体系。当然，这并不是保持公司所需能力的唯一手段。无论您采用何种方式，都有必要提前做出规划——不仅仅要关注被您纳入囊中的实体资产，更要重视通过并购获得的能力。

第三，重组并购后新公司的结构体系，以便提高协调一致度。通常来说，所谓“整合”，要么将被收购者的能力和营销方式纳入收购者的体系之中，要么就保持被收购者的独立地位。不过，2008年玛氏糖果在并购箭牌公司的交易过程中的表现似乎更具效率。无论是玛氏糖果还是箭牌公司，都是在糖果领域拥有庞大业务且非常专注的家族企业。箭牌销售的产品包括口香糖、薄荷糖(Altoids)、硬糖(Lifesavers)和清凉糖(Eclipse)。而玛氏糖果则在巧克力(M&M’s巧克力豆、“银河棒”、“士力架”等)和非巧克力糖果(“彩虹糖”)领域拥有极富辨识度的品牌。这一交易非常引人注目，以至于当玛氏糖果宣布以230亿美元现金收购箭牌公司时，其中有44亿美元来自沃伦·巴菲特。此外，巴菲特还额外掏出21亿美元，购入了箭牌公司的部分股份。经过两周洽谈后，箭牌最终同意了这项收购交易。

随后，玛氏糖果的高管们做出了一个值得注意的决定——让箭牌公司保持业务独立性，并将其总部维持在芝加哥。玛氏糖果将旗下的非巧克力类产品划到了箭牌旗下。这一决定体现了玛氏并购箭牌的真正潜在价值，即专门为非巧克力类糖果产品建立一个新的业务部门。新公司的营销方式和能力系统得到了原来两家公司的支撑，有助于提升企业的协调一致度。玛氏糖果首席执行官保罗·迈克尔斯（Paul S. Michaels）曾经如此总结这次并购交易："我们的目的并不是追求做大，而是争取做到最好。"

最后，您需要在注重协调一致度的前提下制定计划，以期降低并购成本。许多收购行为都是以追求成本协调效益为基础的——收购者往往希望通过并购交易，消弭不必要的日常冗余开支。为了持续压低成本，您必须，更多地以公司能力为导向，而非过分依赖于业务规模。找出那些对公司营销方式贡献不大的业务与功能部门，出售或是缩编——在不引入新的组织能力的前提下，这是您获取成本协调效益的最佳途径之一。

在下一章中，我们将对这一战略手段进一步加以阐述，并且具体说明一家协调一致的公司在投资上如何取舍。

第九章　降低成本与增强实力

大多数企业经营者会在成本问题上花费大把时间。无论压力来自资金流动、股东、公司前景的不确定性、还是投资需要，降低成本总是一件迫在眉睫的大事，节约、高产、高效——也就是少花钱多办事——是任何一家公司所追求的目标。2008年至2009年的经济危机之后，这一目标更受关注了。

降低成本通常会让公司实力打折，同时为公司经营带来更多桎梏，然而大多数商界人士却认为这是天经地义的事。我们反对这种看法(您也应该断然拒绝之)。如果方法正确，降低成本应当会为公司带来更好的运营表现——由于摒弃了不必要的开销，公司会变得更加强大。如果您专注于强化自身的营销方式和能力系统，那么降低成本有助于催生出您所需要的“改变”。

企业成本与经营战略之间是密不可分的，因为每一项投入(无论是好是坏)，都会对企业发展造成影响。不必要的成本，是企业前进路上的绊脚石，原因并不仅仅在于它会抵消盈利，而是因为它会使企业向缺乏协调一致度的方向发展。不必要的成本会分散企业经营者的注意力，让您无法专注于发展自身的能力系统和营销方式。

一家协调一致度相对较高的企业，通常符合以下标准：

- 如果对于成本问题没有重点关注，那么企业战略是不完整的。

● 如果抛开企业战略，那么控制成本只能是一句空谈。

● 如果不能清楚了解成本对公司能力系统的影响，那么成本控制和企业战略都无从谈起。

● 一切压缩成本的行为，都是您释放投资和满足最迫切需要的方式。

总之，您在成本控制方面的举措，是您公司协调一致度高低的关键指标。如果您没有释放出足够的资源、投入发展最需要的能力，那么您的公司在"协调一致"的道路上也走不了太远。原因在于，成本控制并非一个独立指标，而是公司在各项业务之间作出战略权衡的表现。

成本压缩及其难点所在

为什么说传统的成本压缩手段常会使企业进一步走向衰弱？这与"缺乏协调一致度"根深蒂固的影响有关。如果没有明确的营销方式或者能力系统作为指导，企业经营者只能机械而程序化地尽量降低成本压缩带来的负面影响。因此，他们只能从全局入手，比如说在所有部门整体裁员10%。他们会临时作出压缩成本的决定，有时甚至会做出一些心血来潮的决策。他们会评估竞争对手的成本水平，却忽视了自身的战略重点——也就是说根据竞争对手可能出现的错误做出自己的决策。这些企业经营者也可能过度看轻成本问题，将之简单推脱给某种审计行为加以解决：例如一年一度的成本分析，或是半年一次的销售总务管理支出审计等。这些审计行为得出的结论，会凌驾于日常经营所遭遇的实际情况之上，在公司发展道路上造成无法避免的阻碍。

这一切会造成何种结果呢？短期来看，削减成本会造成大规模的"阵痛"。随后企业将重新时来运转，回到之前既有的状态，仿佛未曾获取任何经验教训。毕竟，"缺乏协调一致度"的既有状态——与竞争对手盲目攀比造成的过分投入、在各种领域争强好胜的欲望、各种扩张行为和各种持续不断的"灭火"行动——并未被彻底摒弃。市场营销预算被压缩（至少部分如此)，研发与制造成本增加，于是并购就再一次被提上议事日程，如此周而复始。更糟糕的是，某些职能部门的预算无法回归正常水平，却依然需要承担与从前同样水平的负担。于是，在压缩成本后的阵痛阶段，它们要承受更加沉重的压力。

有些时候，这种局面会造成又一轮(甚至更多轮)的临时裁员和成本压缩。裁员会带来一波又一波的更严重的问题。2009 年 1 月，一份针对美国企业高管的调查显示，有 72%的企业经营者坦言，他们打算进行整体性裁员。这些人深知，如此行事会伤及企业的收益，但他们感觉自己别无选择。

最终，这些企业的经营者们发现，自己也走上了笔者认识的那三位高管的老路——2009 年底至 2010 年初，那三位都带着同样的问题前来找我们请教:“我们找不到解决方案。一年半之前我们刚刚压缩了成本，可现在成本又回来了。”

对于成本的认识

若想降低成本，并持续压缩成本，您需要改变自身对于成本的认识，以更为建设性的视角对其加以审视。眼下您或许会对成本抱有一种责咎态度。对于许多公司而言，由于组织架构中大多数“成本中心”都属于职能部门，所以这些部门的领导通常要为不断膨胀的成本负责。这真的公平吗?偶尔是的，但大多数情况下这都是不公平的。与其将责任推到职能部门领导者身上，不如归咎于企业现阶段缺乏协调一致度的发展战略。

举例来说，一家公司信息技术部门的负责人，需要满足来自不同部门的多种需求，诸如虚拟化、客户关系管理、云计算以及面向服务的体系结构等。每一项需求都代表了不同的业务领域;公司的首席运营官必须调解诸多新产品线之间的关系;研发部门负责人要被迫在没有明确指示的情况下，就资金投入方向提出建议;甚至连首席财务官也需要以特定的形式工作，挣扎在一系列互不相干的收购行为中。

在这样一家公司，没有人会去考虑哪个职能部门会在公司取得优势的过程中发挥最为基础的作用。没有任何人——尤其是没有哪位职能部门领导——有权对公司内部人员的任何要求说“不”。然而当成本积聚到公司不可承受的地步，这些领导者却不得不承担至少一部分责难。

许多企业经营者固有的对于成本的认识，与“权力”也存在一定关联。如果一家公司在发展战略不明确的前提下贸然裁员，作为业务部门的领导或是生产线的管理人员，会感觉自己的“自主决定权”遭到了压制。来自本部门以外的“指手画脚”有可能被视作“武断干预”，难免会迫使这些部门负责人违背某些承诺，或是扼杀某些已经展现出潜力的项目。

如果您想要提升公司的协调一致度，首先需要改变这些旧有的认识，将错误的观念转化为正确的方针，体现决策的价值。在实现这一目标的过程中，您可以参照“降低成本过程步骤”：

降低成本过程步骤

目的：随着公司实力逐渐增强，尤其是在追求高速发展的时期，制订一套降低成本的计划方案。这些步骤的假设背景是，您的公司拥有一套成型的营销方式和能力系统；在“能力驱动战略”的转型阶段，这些步骤最为有效。

过程步骤：您可能需要数天时间来进行讨论（如果必要，还得对相关要素加以研究）。您和运营团队的其他成员需要以清晰的视野和充满想像力的思维来审视公司的成本清单。

首先，将您的成本分为四个基本类别：

1. 基本运转费用：保持公司运转的绝对最小成本划归此类，包括维护设施，保持公司行为基本合法、所有完全无法避免的管理运作开销和少数其他费用。这些费用大致相当于您公司成本总额的一到两成。

2. “桌面赌注”：指的是公司在行业中保持地位所必须投入的成本。可能包括对客户关系的经营或是对某些非常基础的产品形式进行改良所需的费用。请一定注意，将真正的“桌面赌注”和那些与客户相关，但相对无关紧要的成本区别开来。“桌面赌注”在成本总额中所占的比例通常不会超过二到三成。

3. 能力驱动下的成本：包括支撑企业能力系统与营销方式的成本。无论企业境况如何，大多数此类开销都应得到满足。相较于既有水平，您或许需要对这些方面做出更多投入。此类成本最多占到成本总额的二到三成。

4. 其他成本：也就是所有不符合上述三类标准的成本。其内容包含非常广泛，或许包括一部分客户服务成本、信息技术成本和销售与物流部门运营成本等。企业所有职能部门的运营成本大概也可以被划归此类——当然，前提是这些成本并非公司整体运营所必须，且与公司的能力系统并不相关。如果经营者在企业运作过程中足够冷静，那么此类成本有可能削减至少三成，甚至五成还多。

抛开前三类成本不谈。将第四类成本中的每一项开销，也就是可以自由控制的成本，逐一详细列清。请记住，这些开销都是您可以随心改变的。计算一下，如果将这些成本全部剔除，您的公司每年需要节省(或者说可以“重新投入”)多少资金。这似乎有些无情，看上去甚至可能造成事与愿违的结局，但一切依然还停留在假设阶段，仍在安全范围之内。

现在到“动真格”的时候了。将您认为需要裁减的成本一项一项从公司的整体开销中剔除。未被剔除的成本代表着那些您决定保留的项目。每一项成本压缩都是一次赌博，会对您公司未来的业务发展产生影响。

在讨论各种可能性的时候，请权衡每一项成本压缩的风险——

您所筹划的某些成本压缩和改革,有可能导致一些业务走下坡路。分析公司的整个成本清单需要花费较长时间,然而一旦完成分析,您便可以将它们重新划分为五个大类:

1. 基本运转费用成本
2. “桌面赌注”成本
3. 不算多余的成本
4. 真正多余的成本
5. 与公司能力系统相关的成本

您可以将前三类,也就是“基本运转费用成本”、“‘桌面赌注’成本”和“不算多余的成本”,与之前的分类相结合。尽管您已经决定保留着三类成本,但它们并不能给您的公司带来独到的竞争力。你不妨对其重新审视一番——这一次,您应当着眼于提高这些投入的利用效率,或是适当降低相应业务的评判标准。您可以寻找机会提高相应部门效率、实现业务外包,或是改组业务部门以降低其成本水平,甚至放弃某些业务的“市场领先地位”。通过这些手段,您可以节省多少资金,同时获取所需的价值?

对于增强公司能力系统所需的投入,您也应当加以审视。您在这方面的任何投入,都来自对“真正多余成本”的压缩——这将给您的决策带来更多困难。您将如何为这些项目抽调资金呢?您该如何使公司获取的价值最大化?为了满足公司能力系统发展的需要,还有哪些项目是该被压缩或是裁撤的呢?

接下来,您需要回过头来审视那些真正多余的成本。实际上,您已经做出了判断,认为保留此类成本的意义不大。短期来看,您或许还会继续维持相应的业务,但这不应该成为谈论其未来长远命运的阻碍。到底是出售或者暂停这些业务从而压缩成本,还是为了追求利润而继续维持这些业务呢?作为企业经营者,您应当作出明确的抉择。

维持这些投资是存在风险的。毫无疑问，许多成本都是由那些不符合企业发展战略的业务造成的。您不妨自问一下，如果舍弃这些不必要的业务，您的整体成本分配会否出现改变。即便您在短期内不打算(或者没办法)出售这些业务，如此审视一番也足以让您更进一步思考企业成本的生成方式。(您也可以借助图6-1中的组合矩阵来对这些业务加以评估。)接下来，您的终极目标便是将所有开销都视作"多余之物"，对每一笔开销都审慎度之，而不要对所谓的"传统开销"听之任之。

危机之中蕴机遇

当企业管理层认识到"如果我们不做出改变，就只有死路一条"时，常常能催生出某些大手笔的成功决策，大大提升企业的协调一致度。诸如此类的紧急状态，为企业做出关键的战略性调整提供了动力——这些调整就包括彻底革新营销方式和能力系统。换句话说，危机为企业创造了适应新环境的机遇。

20世纪90年代初，江森自控(第三章中提到的汽车座椅事业部也属于这家集团)旗下的汽车电瓶事业部曾经遇到过此类挑战。在江森自控机动车电瓶销售总额中占据20%的西尔斯罗巴克公司(Sears Roebuck)突然终止了合同。在这一事件当中，江森自控的产品和服务并未出现任何纰漏，但公司却几乎是在一夜之间遭受了产能过剩和严重亏损的双重打击。对自身业务有了清晰认识之后，江森自控的执行团队做出了应有的反应。

为了将新的战略方针付诸实践，江森自控下大力气提升了自身在精益生产、"六西格玛"和运营灵活性方面的能力。在过去，江森自控的生产组织一直都以榨取每条组装线的最高产能为目标，旗下不少制造工厂都专注于特定型号的产品。改革之后，江森自控的管理团队将生产运营视作一个整体网络，重新将“更灵活地满足客户需要”设定为生产流程的基础目标。他们重新审视了公司曾经的主要业务项目，船舶专用蓄电池的成本，将之看作可以裁撤的业务之一，目标明确地进行了一番重新规划，意在降低公司自身在产品业务方面的复杂程度。他们削减了那些需要控制的成本，还压缩了公司自身缺乏独有能力的业务部门，诸如会计、人力资源和信息技术等。这些加在一起，每年可以为江森自控节省 1.5 亿美元开支——就当时而言，这相当于公司总成本额度的三成半。江森自控的经营管理团队明白，公司在实施这些裁减压缩计划时可能会走弯路、犯错误，但他们同样也懂得，必须下决心推行改革。至于错误，可留待日后再改正。

至 1995 年第四个季度，剔除上缴税款，江森自控的盈利水平重新呈现上升态势。在接下来的数年间，每当公司高管们回望那段危机岁月，总会将其视作江森自控转型的契机和值得学习模仿的范例。通过进行高层级别的战略分析，并将结论付诸实践，江森自控的高管们拯救了企业。业内评论人士对此普遍持赞成态度，在当时一份有关“热门股票”的分析报告中，就推荐人们向江森自控投资，因为该公司“在[电池]产业领域的重新定位和结构重组……看上去简直就是一个现代的商业奇迹。”

从长远角度来看，这次改革为江森自控在物流、全球市场营销和创新能力方面继续做大做强奠定了基础。如今，江森自控正以“LTH”（墨西哥）、“瓦尔塔”（中国与欧洲）和“Optima”等品牌向全世界各地销售汽车蓄电池产品。由于江森自控为汽车零件经销商降低了成本，提高了它们获取市场情报的能力，该公司已经在信息技术辅助仓储和物流方面成为行业翘楚。此外，江森自控还发展成为一家领先业界的“电池设计创新者”。凭借在汽车制造行业不断提升的产品销量，该公司已经为新兴的“微混合动力”（柴油—电力驱动）车辆发展出了相应的新技术，可以给后者提供足以应付频繁启停操作的电池产品。无论是传统的铅酸蓄电池，还是电动与混动车辆使用的新式锂离子电池，江森自控在产品生产方面或许都有独到之处。总而言之，原本可能导致公司价值缩水并影响协调一致度的危机，反而成了一场转型的开端——这次转型历经二十年之久，如今的江森自控已经发展成了一家注重满足客户需求、时刻以最佳状态应对市场挑战的创新型企业，与行业其他竞争对手相比显得鹤立鸡群，动力传动类产品已经成了公司在未来数年间最重要的业务。

雷诺兹烟草公司（R. J. Reynolds Tobacco Company）在 20 世纪初的经历，同样堪称通过提升协调一致度应对困局的范例。这是该公司在寥寥数年内实现产业结构完整升级所获得的合理回报。过去三十年间，雷诺兹烟草公司基本上属于体验提供者，香烟是其核心产品——鉴于"吸烟有害健康"理论当时并不普及，所以该公司在市场营销方面主要以吸烟感受和个人享乐为突破口——骆驼牌香烟强调乐趣，万宝路牌香烟强调男子气概，而登喜路牌香烟则侧重强调高端品位。由于盒装香烟的利润足够高，所以保持个体烟民的品牌忠诚度对于一家烟草公司而言有着重大意义。为此，烟草企业在促进市场营销和提升烟民忠诚度方面投入巨大。20 世纪五六十年代，它们主要通过大众市场的品牌推广实现这一目标。1971 年后，随着美国全境开始禁播烟草电视广告，这些烟草巨头们又建立了一套全新的能力系统，意在赢得商场里的客户争夺战。这些能力包括种类繁多的促销：通过优惠券派发、有奖销售（购买一定包装数量的产品，可以领取奖品）和店内展示等手段，吸引消费者品尝自家生产的香烟。有奖销售方面的竞争曾经一度到了白热化程度，以至于雷诺兹烟草公司无意间成为全美最大的 T 恤衫订货商。另外一项能力关乎一项细致入微的销售努力，即"确保货架空间占有权"，保持自身产品占据货架的醒目位置，每当市场竞争加剧，就根据需要引入或是放弃有奖销售和降价促销。香烟生产企业在这方面投入的资金，来源于它们在必要时刻提升产品价格获取的利润。

1998 年，美国政府与烟草业界达成了《烟草大和解协议》（*Tobacco Master Settlement Agreement*）。协议双方分别是四大烟草巨头——雷诺兹烟草、菲利普莫里斯烟草(Philip Morris)、布朗威廉姆森烟草(Brown & Williamson)和洛利亚尔烟草(Lorillard)——和美国四十六个州的司法部部长。该协议要求烟草业界在二十五年间向各州支付大约2060亿美元,以换取产品销售权。因为一开始只有这几家大型烟草制造商需要支付这笔款项(协议的约束范围后来又扩展到其他烟草企业),那些成本低廉的新生烟草企业得到了千载难逢的机会,凭借所谓的“廉价品牌”进入了香烟市场。这一情况迫使香烟价格走跌,一时间大幅度降低了烟草业界巨头的利润率,使得它们在向各州政府支付完最初的协议款项后便陷入了困境。与此同时,香烟市场开始萎缩,每年新增烟民数量也越来越少了。

无论您对烟草行业的印象如何,都不能否认市场萎缩对于烟草企业造成的影响。换句话说,市场销售上的倒退,迫使烟草企业不得不开始在业务方面寻找新的突破。首先,雷诺兹烟草公司的管理团队意识到,公司那套以支撑推广强势品牌(骆驼牌)和仍能盈利的衰落品牌(温斯顿-萨勒姆)为目标的陈旧的能力系统,已不能再继续维系。在不改变营销方式和能力系统的前提下,单纯压缩成本已无法解决问题。从根本上说,他们需要引入一套全新的营销方式和能力系统。

为了继续生存,雷诺兹烟草的管理团队启动了一套在短期内大幅压缩成本的计划,其中包括裁掉大批员工。但他们并没有选择在全公司范围内执行整体裁员,也没有尝试以价值玩家的身份参与竞争,而是专注在更为细化的领域充当体验提供者。他们继续为“骆驼”品牌提供强劲助力,同时大幅度减少对于公司旗下其他品牌的投入。此外,关于公司若是在推广营销能力方面做出改变能牟取多少价值,他们也做了一番仔细的审视。

最重要的是,雷诺兹烟草公司大幅摒弃了全方位的店内营销模式,转而引入了全新的“尖头铅笔”(定向)销售能力。买香烟赠T恤衫和棒球帽的时代一去不复返了(对于这些奖品的采购不再是公司能力系统中的关键内容)。到各大零售门店联系业务的雷诺兹烟草销售人员,已经不用举着写有“保证支持促销”的支票到处求人了。公司对销售力量加以削减压缩，同时收紧业务谈判空间，摒弃过去那种用金钱购买货架空间的方式，转以促销优惠取而代之(针对特定的零售门店)，与那些关键门店的所有者建立合作关系。

这是一次战略性的跨越，同时伴随着巨大的风险。雷诺兹烟草公司的赌注是，重新创立一支全新的、精简强悍的销售力量，从而根本上改变传统的营销方式。公司高层仔细考量了可能出现的结果：公司派出去的业务销售代表还会受到零售商们的欢迎吗？现在公司应该如何建立客户的品牌忠诚度呢？

最终，这一跨越变革收获了成效。通过成本压缩，雷诺兹烟草公司获得了10亿美元的额外资金。公司的账本底线得以提升，从而为其在不久之后与布朗威廉姆森烟草公司合并的过程中取得了主动地位。随着公司新战略带来的好处逐渐显现出来，仅仅用了二十二个月时间，雷诺兹烟草公司的股价便猛涨了三倍，使其挤进了财富五百强企业前十五名(以利润率计算)。

无论是江森自控还是雷诺兹烟草，两个案例中公司变革的关键都并非成本压缩本身。借助企业在危急时刻释放出的创新能量，经营者们确定了新的营销方式和能力系统，并因此辨明了哪些成本需要摒弃、哪些成本值得保留。

如果您发现自己的企业也遭遇了类似的困境，就须要引入相同的创新能量，或许还可以做出类似规模的变革。当公司提高协调一致度的努力遭遇瓶颈，一场危机至少可以促使您向前大大迈进一步。

长期经营过程中的“节俭”

在压缩了不必要的成本之后，如何保证其始终处于“被压缩”状态呢？所谓的“费用攀升”现象，便是标志您公司协调一致度正在降低的信号。

也许这些成本根本就没有被真正压缩。应对这一现象的最佳手段，是以营销方式为准绳、持续审视公司的各项成本——即便是在经营顺利、压力不大的时期，这一手段也同样适用。

江森自控就是这样做的。经历惨痛危机之后的若干年间，该公司的管理层始终保持着每月开会的习惯。会议主题一般是探讨公司业务有无出现改变的迹象。这样的会议制度使得江森自控的执行团队建立起一套持续的成本分析制度，并帮助他们做出必要的调整——这样做并不会造成意料之外的裁员或是严苛的管理规章，且能有效避免公司重蹈覆辙。

从江森自控和雷诺兹烟草的案例当中，可以得出一个宝贵的结论——事实上，我们所见到的类似案例都能推导出如此结论——也就是我们在本章一开头所提到的，成本与战略是无法单独拿出来加以考量的。每一项投资，无论好坏，都会对公司造成影响。一方面，只有持续对成本加以分析，方能在本质上建立对能力系统的理解，同时辨明成本与别的费用之间的关系。另一方面，只有清晰了解公司自身的营销方式和能力系统，才能保证企业在长期经营过程中持续稳定地压缩成本。如果对这些没有清楚的认识，那么您将会永远面对“在错误方向过度投资”的风险。

在本书的最后一部分中，我们将如何建立“能力驱动战略”进行更为详尽的分析。尤其是第十章，将为您梳理整个过程。希望您能明白，将成本与协调一致度挂钩并非是投机取巧，而是实现理想目标的唯一途径。

第四部分　将协调一致融入每日经营

第十章　基础优势路线图

在这一章中，我们将为您描绘一幅建立“能力驱动战略”的路线图，助您取得基础优势。谈到这一步，我们认为您应该已经认识到了这项战略的价值，而且已经对自己公司在协调一致度方面与竞争对手的优劣对比有所了解了。或许您已经做过了表3-1的协调一致度测试。无论如何，您已经为发展一套更为有效的营销方式和能力系统做好了准备，可以将它们与公司的关键产品和服务挂钩了。

到了这个阶段，您为建立“能力驱动战略”而精心挑选出的核心团队可以登台亮相了。对于这支队伍的监督和管理工作，可以由集合了公司全部或者大多数高管的团队来完成。在接下来的数月间，这两支团队将经历我们在第三章中讲述过的五个阶段——了解（全方位了解公司所处的状况，为营销方式的确立假定前提条件）、评估（对这些假定条件进行测试和提炼）、选择（为公司大致确立一个整体战略发展方向）、变革（调动所需资源，将战略付诸实现）与发展（保持公司战略的与时俱进性，进一步创造和获取财富）。

之所以如此规划，是因为我们发现当今的商业圈经历了一项重大变化——从前，商界人士们将战略视为解决问题的方案，把制定企业战略的任务交给（企业内外）各种专家团队以“闭门造车”方式去完成，而现在人们通常把制定企业战略看成是一个持续渐进的过程，无论是执行团队还是业务部门负责人都可以参与其中，共同推进企业发展。

最初准备

您需要作出的第一项重大决定，便是对公司业务规模和活动范围进行一番审视，确定发展的基点和想要进入的市场。您是要在企业整体层面推广这一战略，还是仅仅限于公司的某个部分（比如说某个业务部门，或是需要应对某个特定市场的团队）呢？这一点尤其需要您考虑清楚。

从相对较低的层面开始，并不能使整个公司的协调一致度达到完美水平，但却常可以作为企业实现战略转型（变革）的轻易而务实的切入点。您可以在这里先行试水，然后再视情况启动整体的战略跃升。您可以将一个单独的业务部门视作提升协调一致度的“试验田”，一副通向更大范围转变的跳板。您需要明确由哪些部门参与“试验”，以及您想要进入的市场，以免在执行过程中造成混乱。

如果高层管理团队和董事会对于改善公司在主要业务领域的表现以及建立新的增长模式感兴趣，那么您便可以酌情将“试验”推向整个公司，在不同的业务部门和团队之间加以协调，建立一套共用的能力驱动战略。通常情况下，这一过程都是包罗万象的，其复杂程度丝毫不亚于大规模企业重组或是并购。比方说，有一家拥有超过 6 条业务产品线、年利润超 100 亿美元的公司，仅仅在四个月时间里，单是其北美分公司便召开了 18 次计划内的讨论会，其中包括两次董事会层级的会议。建立能力驱动战略，或许要从企业的核心部分开始，但若要将其推广至整个企业，您必须要学会倾听来自各部门各方面的声音。（想要详细了解企业层面的战略，请阅读本章结尾部分。）

无论规模如何，建立能力驱动战略，都需要各参与方达成共识并全程参与。就企业整体而言，所谓的参与方便是董事会。着手建立能力驱动战略之前，您应当就如何权衡眼前利益了解董事会的看法，看诸位董事是想放弃有可能盈利的业务，还是为了提高协调一致度和未来的盈利做出投资，看他们是否愿意进行资本结构调整，或开启收购模式。而在业务部门或是其他相对较低的层级，您需要获得首席执行官和执行团队的全心认可——尤其是在需要做出类似权衡的时候。

您同样需要得到企业低层同仁的认可和支持。分布在企业各个层次岗位上的员工，不仅是您战略的执行者，也是各种新手段新方法的构思者和改良者。如果这些人误解了您的营销意图，那么他们也将无法有效地在工作中做出抉择。随着越来越多的人参与建立能力驱动战略，您将只能通过获取其"领军者"的支持来提升企业的协调一致度。

整个过程可能会持续数周乃至数月——有可能是六个月或者更长时间。您需要时间来反复验证、测试并确认您的观点，这些实践大多都会帮助您提升自信，以便为新的战略作出完整承诺。如果您希望您的战略选择产生显著影响，那就不应该虚度这些时间。下面这份"最初准备清单"对此进行了进一步阐述，有助于您找到正确的切入点。

最初准备清单

1. 您的动机如何？也就是说，您创造价值的目的是什么？首先您需要明确自己想要达成的目标——比如说，想要让企业价值翻两番或是翻三番。公司需要怎样的协调一致度才能实现这一目标？您还希望公司在哪方面做出改变？公司是否面临亟须解决的危机？您如何定义相关市场（不妨回忆一下本书第三章提到过的"代用品"概念）？

正如我们已经了解到的，创造价值并非以达成完全的协调一致为前提。时刻追求高目标，但也随时要提醒公司的各位同仁，追求"相对协调一致"过程中的任何举措都可以为公司带来实实在在的收益。

2. 由谁来做领头羊？就核心团队的领导人选而言，您需要任用那些经验丰富的管理人才，选择范围包括为公司战略奠定基础的职能部门领导，以及相关业务部门的高管。随着能力驱动战略逐渐成型，核心团队的人员组成或许也会发生变化，但部分主要成员应当一直留在团队当中，掌控大局，并对结果负责。从公司大多数或是所有部门挑选具有代表性的员工同仁参与核心团队，同时还要与关键供货商和消费者等群体保持良好关系，这样就保证了核心团队的工作更加务实、更加多样化。最重要的是，您需要挑选那些真正理解协调一致为企业带来的价值，又可以在公司提升协调一致度的过程中发挥潜在作用的人，而不是将他们视作额外负担。

3. 公司的高层领导如何参与这一进程？如果您是一位公司总裁或是分公司负责人，是核心团队成员汇报工作情况的对象，那么从一开始您就需要搞清楚一点，您和管理团队中的其他高管都需要身体力行，亲自在公司建立能力驱动战略的过程中出力。建立这一战略，将从根本上改变您和公司高管队伍中其他同仁过去长期以来习以为常的基本决策方式。除了您和那些与您平起平坐的公司同仁，其他员工都不可能有效地以公司整体为着眼点提出见解。

发现阶段

与法律案件的发现阶段类似，这里所说的“发现阶段”也包括为具体行动设定一个前提环境。它源于一系列激烈的公司内部讨论会：这些会议最好集中在数周之内举行，每次参与会议的都是同一批由十至二十人组成的核心团队成员。在这些会议上，大家可以就影响公司营销方式的三大基本现状——客户与竞争对手（市场背景条件）、公司的潜在增长机遇（自身在市场上所展现出的魅力）以及公司相对于竞争对手所独有的优势（能力方面）——深入挖掘并达成共识。从对这些现实条件形成实际干扰的所有因素中，您可以归纳出一组明确而令人信服的假设前提：这每一个前提，都可能代表着一种公司采纳的潜在营销方式。

阶段 1：发现

目标：总结出三至五个能够代表某种营销方式的假定前提。

角色

高层管理团队：确立目标，制定标准、方向和操作范围（有些营销方式或许并不能满足执行团队提出的条件）。

核心团队：探索并分析公司所属的市场、潜在的增长途径以及公司能力；对各种有关营销方式的假定前提加以模拟；就下一阶段继续评估的营销方式做出推荐。

供您参考的资料以及练习：赢家与输家（见下文）、单一营销方式（第四章，表 4－1）、市场动态（表 10－1）、增长方式（第七章，图 7－1）、协调一致度测试（第三章，表 3－1）、产能储备、决策历史（见下文）。

公司上下各部门：提供实际数据和各方面参考意见。

关键问题

营销方式：您和竞争对手都是如何参与市场竞争的？谁的表现更胜一筹？谁的表现差强人意？您公司的主要增长机遇是哪些？您该考虑如何改变营销方式？

能力系统：您能明确说出您公司擅长的三到六种能力吗？这些能力该如何支撑潜在的营销方式？

产品与服务：您该如何将公司的产品和服务与现有的营销方式和能力系统相结合呢？

基础优势：与市场上的其他竞争对手相比，您的企业表现如何？执行团队中的不同成员对于这些问题又有怎样各自不同的解读？您的观点与其他人是否相同？与市场实际情况是否相符？

发现阶段的前三个步骤(侧重点分别为市场、增长和能力),在具体操作过程中既可以串联也可以并联。每一个步骤之间必须保持足够的相对独立性,以便团队从不同角度获取有益信息;此外,他们彼此之间也必须保持足够的关联性,以便经营理念可以从一个方面沿用到其他方面。这个过程并非需要收集分析大量新数据,且好高骛远又繁重无比,而是根据已掌握的信息进行集体讨论,探索潜在营销方式的归纳过程。在这一阶段的第四步,当您将收集到的信息加以汇总,便有机会确定接下来一个阶段需要深入分析评估的哪三个到五个假定前提了。

在整个发现阶段,请将"进一步了解自身业务"作为一大目标。这与公司战略的内容同样重要。对于任何一个假定前提都不要走马观花——它或许与您根深蒂固的思维方式相悖,但却能提供您不应忽视的机遇或挑战。你需要为天马行空的思考留出空间;有必要的话,您可以参考著名企业以创新思维实现飞跃的范例,比如说宝洁公司的"速易洁"拖把,以及塔塔汽车价值 2400 美元的"纳诺"(Nano)平民汽车。您可以为公司自身的业务建立一个扩展概念(比方说,您的业务并不仅限于销售复印机,而是着眼于整个信息管理领域)。随后,以更为务实的态度,对自身业务的现状加以审视和考量。

以市场为基础的"发现"

与其他任何"以市场为基础"的研究一样,在这里我们依然要以客户、潜在客户、市场监管者和竞争对手为主要关注对象。通过接下来数个不同的实践操作练习,对自身业务内容和周围环境的变化将有更为集中的了解。在这个过程中,有关潜在营销方式的"假定"将逐渐浮出水面。

赢家与输家:您可以借助表 3－1 来近距离观察竞争对手的市场地位,并与自身情况进行一番对比。究竟是谁在享受市场的回馈?换句话说,究竟是谁掌握了"获胜资格"呢?这些赢家采取了何种营销方式(关于

这一点您可以参照表 4－1)？他们的增长率如何？他们是凭借何种能力系统取得成功的？通过这一系列讨论，您便可以清楚地了解自身在协调一致度水平方面与竞争对手的优劣。您或许会发现，即便是在某一领域最有成就的企业，也未必完全实现了协调一致。

市场动态：在公司计划引入新的营销方式之时，运用表 10－1 中的某些或者全部指标，提出各种假定前提。您的目标应当非常明确，就是要找到适应所在市场未来发展趋势的潜在营销方式。通过对市场发展方向和驱动力的审视，对所在市场迄今为止的发展状况建立更为深入的理解，明确其变化走向，确定目前的市场赢家能否在未来保持既有地位。这组图表中的一系列测试，可以帮助您明确自身客户群体增长或者萎缩的方式、原材料短缺或是过剩的理由、竞争对手繁荣发展或是面临困境的原因，以及其他一些信息。您可以选择那些有可能对您公司潜在营销方式提供全新解读的测试。在做这些测试的过程中，请不要快速得出结论，以免您的思维受到局限。尤其需要注意的是，不要轻率地为公司的产品和服务划定市场范围。在这一初级阶段，仓促划定市场范围会蒙蔽您的双眼，使您难以发现其他市场的潜在价值，从而错失更多生存和盈利的机遇。

单一营销方式：审读表 4－1 上列举的各种单一营销方式。依次分析并换位思考，回想一下您对于各种增长方式的总体看法，看看您从“赢家与输家”和“市场动态”讨论中得出的结论能否与这些单一营销方式相呼应。然后可以探究一下每种单一营销方式的内涵。举个例子，如果您想将公司打造成体验提供者，那么您应当尝试去接近哪些客户人群呢？怎样做才能最大限度地吸引客户们的目光呢？这与您现有的营销方式(无论是隐晦的还是明显的)存在哪些不同？作为这组练习的一部分，您或许还应当关注一下那些图表中未列出的，或是尚未形成概念的单一营销方式。这并不难，您只需写下您自己对它们的理解，作为确定营销方式时的考虑对象即可。

表 10-1 评估营销方式时需要考虑的市场动态

成本

市场动态	衡量尺度与指标	您所选用的营销方式可能带来的结果
成本态势的竞争力以及可变性	您可以从某种特定产品或服务的生产成本中看到供应商的可变性； 而供给曲线、经验曲线和相对比例则体现着公司成本态势的竞争力	如果某项业务的成本差异呈现缩小态势，那或许意味着您公司的相应部门正在产品价格方面遭遇严酷的市场考验。如果成本差异较高或是呈现扩大态势，那您或许可以酌情引入更多独具特色的营销方式，并有机会成为强大的价值玩家。成本结构的变化还能体现出一个市场的不成熟性。随着各家生产商进一步提高效率，同类产品的价格将会整体降低，导致那些“边缘玩家”被排挤出局
原材料相对稀缺	关键性原材料的价格波动，以及供应能力	举例来说，假如金属锂的价格上涨，那些以“创新者”或是“高端市场玩家”身份参与竞争的电动车制造商则会显得更加适应。如果钻石价格呈现涨势，那些能够帮助客户有效管理供应链条的“合并者”和“风险缓冲者”便得到了机会。原材料价格的反复波动表明，企业需要建立一种借助金融手段规避风险的能力。调控现货价格的能力同样可以帮助企业经营者尽可能通过调整产品价格获利，并渡过原材料紧缺的困难时期。例如，当微处理器芯片企业产能不足之时，电视游戏主机生产商们却成功地将产品价格推高到了数百美元一部

客户

市场动态	衡量尺度与指标	您所选用的营销方式可能带来的结果
价格层	某一领域或者某一行业零售价上下浮动的额度	如果产品价格上下浮动的空间变小，其对应的市场份额就会被他人蚕食，随着客户群体转而投向其他竞争对手的产品或是服务，企业的市场地位也会被

（续表）

市场动态	衡量尺度与指标	您所选用的营销方式可能带来的结果
		取代。如果产品价格上下浮动的空间变大，那么对于“高端市场玩家”和“体验提供者”而言，市场份额不断增长，潜在的机遇也会躲起来。在诸如个人电子设备等市场领域，各家企业的产品定价越是繁多，就代表客户对于此类产品越有兴趣——因此那些“定制者”（能够满足个人需求）和“聚合者”（能够简化客户的选择过程）便得到了可乘之机。您还需要关注市场整体价格的波动，随时掌握其上升与下降趋势。举个例子，对于传统纸媒而言，克雷格列表（Craiglist）和廉价网络广告的出现，造成广告收益的“价格层”发生变化，从本质上标志着整个行业的营销方式必须做出变革
价格变化	看上去相似的产品或服务的价格区间	悬殊的价格差异或许源自各家企业在产品销售渠道方面的差异。同样的产品，在 7－11 和沃尔玛的销售价格便不尽相同。这同样是市场不成熟的标志。在这样的市场当中，供货商会抬高紧俏商品的价格（当然，市场竞争又会及时将这些产品的价格拉回到正常区间），而价值最终都会被那些有声望的大企业或是“高端市场玩家”（比如说诺德斯特姆公司）收入囊中。此外，悬殊的价格差异或许还代表着“解决方案提供者”或是“体验提供者”在市场中相对活跃
客户采购数量变化	随着产品价格上下浮动，产品销售数量也一直都在发生变化	零食小吃和流行服饰两大行业，都是客户采购数量“大开大合”的典范。消费者总希望得到新的口味、新的包装或是新的产品体验。客户采购数量发生变化，很可能是因为消费者对于现有供应商的产品选项感到不满，其他企业便可以抓住这一机遇拉拢一批属于自己

（续表）

市场动态	衡量尺度与指标	您所选用的营销方式可能带来的结果
		的忠实用户，也可以直接通过产品创新满足消费者的要求。当然，客户采购数量的变化也可能代表着企业遭遇了“替代品”危机——即同一产品领域出现了强有力的竞争对手。客户采购数量呈现低迷态势，表明市场业已成熟，消费者的满意程度已经达到临界水平。如果某家外来企业无法提供令人眼前一亮的新价值，则注定无法成功打入这样的市场
市场份额变化	市场中各家企业在市场份额方面的消长	各家企业在市场份额方面出现大规模的变动，表明客户忠实度和产品的市场化程度较低（这就是消费者时常换用不同品牌产品的原因）；无论是新来者还是“老玩家”，这些企业都需要引入新的产品或是服务内容，以培养消费者的忠实度
产品周转率	对于某一特定业务范畴而言，推出新产品的平均时间，以及消费者更换或是重新购买某种产品的平均时间	固定电话与移动电话的新旧更替（前者更新换代较慢，而后者则较快），便代表着产品周转率的两种极端状况，同时也体现了电话通讯领域各家企业必备的营销方式。产品周转速度越慢，“创新者”对于主要“游戏规则颠覆者”的依赖程度就越高——因为它们需要后者改变消费者们使用某种产品或服务的方式。比如说宝洁公司用“速易洁”拖把取代了传统的墩布，而烧煤的煤电站也逐渐在改用天然气作为燃料。此外，较低的产品周转率还表明消费者对于某种产品非常满意，这可以巩固企业的供应链条，或者帮助企业在市场上获得垄断地位。例如微软公司推出新版本“视窗”操作系统的速度就相对较慢

竞争对手

市场动态	衡量尺度与指标	您所选用的营销方式可能带来的结果
利益链的复杂性	能够使用的分销与供货渠道	如果价值链规模较小,那么您或许可以抓住机会简化产品流通交易的中间环节;如果价值链规模较大,那么您或许可以抓住机会,将公司向“聚合者”或是“合并者”方向转化
来自监管方和制度的影响	规章制度与政府监督机制对于价值的影响	如果来自这方面的影响较大,那么您必须将“和监管方打交道”引入公司的能力系统(或者以现有营销方式为基础,将相关能力用作“桌面赌注”),以便继续留在该市场参与竞争。已经占据一定份额的企业会借助监管方的力量来限制市场的自由程度,而新加入竞争的企业需要依赖更高的市场自由程度来谋取优势,以便战胜前者
新生竞争对手的“市场进入率”	随着时间发展,进入该领域的公司数量	新生竞争对手的“市场进入率”高,或许预示着您有机会引入独一无二的营销方式(冷战后的航天与国防工业领域便是如此),或是说明您现有的营销方式不够合理。这种情况还可能意味着您所属的行业领域是有利可图的——市场在不断增长,利润也非常可观,或者说消费者的喜好在快速发生变化

增长机会

为了鼓励员工提出更多关于营销方式的假设,您可以和管理团队其他成员集思广益,列出一份关于增长机会的清单。您可以将之前考虑过的思路和各种新方案都包含在内,并且到公司各部门同仁那里征集方案。再看一次表 10-1 中有关市场动态分析的内容——其中是否包含可行的增长路径?

若想以更具条理的方式寻找增长机会,请参阅第七章图 7-1 中描述的四种增长类型。您与管理团队其他成员的讨论可以从核心开始，逐渐向外发散。您的公司凭借现有产品服务组合能否找到更多增长空间？能否利用现有能力或是能力基础开发与公司产品服务类似的其他业务？如果准备进行地理扩张，在何处最容易获得成功？通过整体业务转型，您可以建立怎样的增长平台？首先您应该尽可能多地将增长方式列入清单，然后再逐渐缩小范围，看看究竟哪种方式更有希望获得成功。

基于能力的发现

在这一分阶段，您应该站在一个“以能力为基础”的角度审视可能的营销方式。关注您公司的优势所在，并根据这些优势提出假设。这可以看作是整个过程的关键，因为这是您第一次将潜在的营销方式和能力系统互为基础加以考量。

盘点公司现有的能力：您公司为人所熟知的优势领域是什么？与此相对，竞争对手们有哪些方面是您还比不上的？您公司能力的变化情况如何？是在改善进步还是衰落退步？

对单一营销方式（表 4－1）加以审视，寻找那些能够合理利用您公司最独特能力的营销方式：您还可以通过“以时间轴为基础”的讨论来深入审视现有的能力系统，从而了解哪些营销方式更适合您公司的企业文化和属性（见“决策历史”）。

决策历史

在您基于能力的发现过程中，对这项练习举一反三是非常有益的。您可以在会议室的墙壁上贴上一份时间轴，注明公司管理层最近做出的二十至四十项重大决策，以及其背后的原理。您也可以看看过去一年的公司运营状况与管理团队历次开会制订的规划是否匹配（您可以借助会议议程等材料加以回忆），或者过去十年的运营状况是否实现了开启重大项目、推出全新产品的初衷。

在诸位会议参与者的叙述过程中，将他们所说的记录在时间轴的恰当位置。对于每一条记录，您都应当提出下列几个问题：这些结果与当初的既定策略是否协调一致？这些结果是如何产生的？它们对公司都造成了怎样的影响？毫无疑问，某些决策涉及新技术、新工艺、新产品和新服务的引入，而其他一些决策则关乎关键能力的建立和发展。哪些投入是行之有效的？原因何在？

您或许会发现，公司现有战略中的部分元素已经变得毫无价值。“噢，那个产品是由一支地方团队开发而成的，可那支团队已经不复存在了。”或者是意识到某条供应链已被大多数企业抛弃：“难道我们还没关掉那个部门吗？”在这样的“追忆”过程中，通常充满了欢声笑语。但这也是企业经营者对过往决策加以审读，进一步认识“协调一致”(和“缺乏协调一致”)的机会。*

*摘自里克·罗斯(Rick Ross)与阿特·克莱纳(Art Kleiner)“历史路线图”，收录于彼得·森格(Peter Senge)编著《变革之舞》(*The Dance of Change*)，第186页。

对假设的营销方式加以梳理整合

经过了“发现”阶段，有关营销方式的各种假设就不可避免地摆到了您的面前。您会发现自己正不自觉地思量着这些假设，想要搞清楚哪些更加可行，以及将其付诸实践所需的投入。现在，您应当将这些判断汇总起来，列出属于自己的市场动态、单一营销方式、假设增长方式等清单。对这些清单加以充分讨论，确定三到五种假设营销方式，再进入下一阶段。

所谓梳理整合的过程，并非单纯的逻辑分析或是直觉判断。正如哥伦比亚商学院(Columbia Business School)的威廉·杜根(William

Duggan)所指出的，在绝大多数的梳理整合过程中，企业经营者都应当透过新的视角在自己观察到的现状与过往的经验之间建立联系。请您相信，在您就假设的营销方式与其他同仁展开讨论的时候，诸如此类的自省和思考会发挥非常重要的作用。

将单一营销方式与新的假设营销方式相结合。您应该充分利用自己已经掌握的关于公司本身和所在市场的信息，以“满足市场需求”、“创造增长机会”和“适应公司能力”这三个维度为基准，寻找能与它们产生“共鸣”的营销方式。不要过于束手束脚，您大可以遵循公司大多数人关于“那种假设营销方式最有效”的判断，而不是拘泥于任何教条式的书面理论。纵使某种营销方式明显不符合您的公司能力，只要它能够带来无限价值，您也可以大胆选择。接下来一个阶段，您将学到如何更加明确地提高自身营销方式的协调一致度。

您最终选定的营销方式，应当明显不同于其他备选项，以便旁观者也能轻易看出它们之间的区别。例如，如果有两种“价值玩家”营销方式供您选择，那么您应当将它们合而为一。不要过度关注细节，您可以在下一个阶段反复对其加以斟酌。备选的假设营销方式还必须足够引人注目，适应您公司所涉猎的业务和市场，以便您能大展身手。

为每一种假设营销方式取一个名字，并逐个下一番定义——搞清楚它们如何与市场因素、增长机遇和您所审视过的公司能力相适应。然后，在执行团队会议上将其提出，以求批准。在接下来的两个阶段——也就是评估与选择阶段——核心团队、执行团队和公司各部门的其他同仁都将花费大量时间和精力，对这些假设营销方式进行明确分析、反复斟酌，并加以精炼提纯，为最终作出选择创造有利条件。

评估阶段

这是一个必须尽职尽责的阶段：您需要深入分析在发现阶段暴露出

的问题，并逐一验证那些假设的营销方式。您可以通过估算这些营销方式的可行性及其所能创造的企业价值，对其加以评定。为了完成这一任务，您应当透过四个角度仔细推敲：这些营销方式是否适应您公司的能力系统？它们各自能使您在面对竞争对手时占据何种市场地位（能否为您赢得“获胜资格”）？它们各自的财务前景如何？采用这些营销方式要冒哪些风险？随着研究和讨论逐渐深入，您还可以不断修正之前对于这些假设营销方式所下的定义，以便随时体现您最新掌握的情况，同时抛弃那些不可行的营销方式。这些由核心团队进行的评估，预示着接下来您在第三个阶段做出怎样的关键决断。

阶段 2：评估

目标：对于每种营销方式能够创造多少价值，并且实现这些价值所要付出的风险进行评估。

角色

高管团队：总体把握，对于评估结果加以验证。

核心团队：组织面谈和分析；进一步列举假设营销方式，以供执行团队考量。

供您参考的资料以及练习：面谈；评估您公司的能力（见下文）；“获胜资格”练习（表 10－2）；评估您公司的财务前景（见下文）；评估潜在风险（见下文）。

更多部门：按要求为分析提供支持。

关键问题

营销方式：供选择的营销方式具备怎样的吸引力？

能力系统：就每一种营销方式而言，您应该如何充分利用公司的能力优势？这些能力能否为您带来“获胜资格”？如果不能，您还需要建立或是发展哪些能力？您应该如何做到？

产品与服务：就每一种营销方式而言，它将怎样帮助您的产品和服务大卖？

基础优势：每一种营销方式如何使您的公司展现与众不同的面貌？

本阶段的五个步骤全部由核心团队完成。这一回，这些步骤必须按照顺序进行。来自每一个步骤的心得都可以为接下来的行动提供参考。当您认真完成各项评估之时，我们建议您也至少组织数十次面谈：最好能为每一项职能范畴组织两次面谈，同时不要忘了那些与您公司建立了信任的客户或是合作供应商。在此类面谈期间，您可以与受访者讨论您正在酝酿的企业战略，这些战略在价值创造过程中的潜能，将这些战略付诸实践所需的能力和资本。以受访者的评论和经验为出发点，审视一下您的公司是否为实践此种营销方式做好了准备，弄清个中缘由。

尽管本阶段并不一定需要执行团队做出正式的评审结果(那是第三个步骤的内容)，但上下各部门之间建立清晰规范的交流机制还是非常重要的，这样首席执行官和其他高管便可以有效了解假设营销方式的制订情况，并提出指导意见。事实上，在某些阶段，执行团队的某些成员或许也想加入核心团队。

评估您的能力系统

无论是探讨哪一种假设营销方式，都需要一个详细分析公司能力的过程。您需要明确，哪些相关能力是公司已经拥有的(包括自身原有的，能够通过合作和外部采办等手段获取的，或者能够在可预期的未来发展到一定程度并让您公司变得与众不同的)，哪些是尚未拥有，需要公司自行建立或是通过并购获得(抑或两种手段兼用)方可满足此种营销方式所需的。

例如，一家“解决方案提供者”或许需要在下列方面见长：(1) 拥有贴近客户的产品，(2) 提前预测市场需求，(3) 网上零售，(4) 有效而柔性的供应链条管理机制。一家“体验提供者”或许需要建立以下能力：(1)对人与产品的互动方式有自己的理解，(2)以客户为核心的技术与设计创新，(3)与众不同的品牌推广，(4)对于客户体验的专业化管理。至于价值玩家，则需要着重加强这样几方面的能力：(1)对于市场需求的先见之明，(2)原材料选择与采购，(3)精益而有效的供应链管理，(4)如何“经营”与零售商之间的关系，(5)以专业视角理解客户所看重的产品特征。

您应该将实践每一种营销方式所需的特定能力与那些“桌面赌注”区分开来。对于大多数关键能力而言，您需要大致估量它们所需的投资数额，以便让其发挥作用，使您的企业在相关领域鹤立鸡群。倘若需要填补的缺口太多，那么您应自问，发展这些能力是否真的可以让相应的营销方式为企业谋利——如果答案是否定的，那么您大可以抛弃这种假设的营销方式。相反，您的能力与竞争对手相比优势越大，相对应的营销方式前景就越好。

评估您的“获胜资格”

正如之前章节中我们所提到的，所谓“获胜资格”，是那些比竞争对手协调一致度更高的公司所特有的自信心态。在本步骤中，您应当一面对比企业自身与竞争对手在协调一致度方面的优劣，一面审视每一种假设营销方式。一家企业若想取得成功，必须将适应市场的能力系统及其所需的资产条件有效融为一体。

表10-2中所展示的“‘获胜资格’练习”可以帮助您理清思路，完成这一评估。基于该工作表，您可以为各种假设营销方式绘制相应的表格。对照主要竞争对手的情况(也可以是新进入的市场或是潜在的新竞争者)，评估您现有的公司能力和资产条件。

尽管资产条件的延续性不如公司能力那般长久，我们依然将其纳入到表格之中，原因在于其代表了市场竞争的重要一环。此表还将您独有的能力(作为能力系统的一部分，为您独有的营销方式提供保证)和“桌面赌注”区分开来。比方说，如果您所经营的公司是一家制造商，大概就需要厂房和专利之类的资产条件。此外，您或许要需要分销和物流方面的“桌面赌注”。然而这或许并非那些将您与竞争对手区分开来的独有能力。您不需要追求过多的“桌面赌注”，只要有效满足市场需求即可。（事实上，正如我们在第九章中提到过的，“桌面赌注”过剩恰恰说明投资过度。）

表 10-2 “获胜资格”相关练习

在这组练习中，您要从企业能力、资产条件和“桌面赌注”这三方面入手，对您自己的公司和竞争对手进行一番评估。您可以用“高于一般水平”、“与一般水平持平”和“低于一般水平”给它们评分。（关于如何解读这一练习，请参阅前文内容。）

将自身与竞争对手区别开来的能力系统（最多列举六条能力）	您的公司	竞争对手之一	竞争对手之二
能力之一			
能力之二			
能力之三			
能力之四			
能力之五			
能力之六			
评分			
将自身与竞争对手区别开来的资产条件	您的公司	竞争对手之一	竞争对手之二
资产条件之一			
资产条件之二			
评分			
“桌面赌注”	您的公司	竞争对手之一	竞争对手之二
“赌注”之一			
“赌注”之二			
“赌注”之三			
最终评分			

根据列表上的每一个条目，对您自己的公司和竞争对手（无论是目前存在的，还是潜在的）加以评分："高于一般水平"、"与一般水平持平"或是"低于一般水平"。为了便于在具体的探讨过程中区分每一项元素，您可以使用颜色标记法：以绿色代表"高于一般水平"，黄色代表"与一般水平持平"，红色代表"低于一般水平"。进行这些评估的时候，您可能需要借助面谈和分析手段，同时开诚布公地对"获胜资格"展开讨论，确立评估本身的合理性，了解还有多少困难需要克服。

有关该练习的网络互动版本，敬请访问 www.theessentialadvantage.com

沃顿商学院的乔治·S. 戴伊（George S. Day）教授提出的有关新产品潜在投资评估的分析，与该练习颇有异曲同工之妙。（戴伊教授也曾经提出，公司的核心管理团队不仅要搞懂"市场是否真实"、"企业的举措是否值得"，还要弄清"我们能获胜吗"。）从理性而诚恳的角度出发进行此类分析并非易事。戴伊表示，"关键在于，不能任由公司的核心管理团队将此类'练习'视作需要克服或是需要规避的困难……它们是帮助企业发现隐患、识别问题并找出解决方案的学习工具"。

评估您公司的财务前景

在发现阶段，您已经逐一审视了每一种假设营销方式的潜在增长途径。现在请您对这些增长途径加以汇总、评估，以便在尽量接近现实的前提下预见它们潜在的经济价值。（对于有些公司的经营者而言，摆在面前的潜在增长途径或许有几十种甚至更多，而每一种增长途径又都与一种或者多种假设营销方式相关联。）这些潜在增长途径会如何左右企业的收益和利润？财务方面会受到怎样影响？从收益、利润和对企业价值的影响方面看，潜在市场的规模究竟能有多大？如何收获规模效益？您可以采用所在行业领域一切可靠的传统分析手段，搞清市场规模、投资回报率、企业价值等各方面数据。记得在评估分析过程中尽量引入基本原理，以便别人也能理解您的观点。接下来，对您的评估分析加以总结，得出一套能够推而广之的概念，以便适用到每一种假设营销方式，通盘考量其财务前景。对于任何与各假设营销方式相关、有可能招致不良后果的事务，您都应当擦亮眼睛评估考量一番。在企业声誉、合法性和财务方面，您将面临怎样的风险？这些风险会否影响到您目前规模最大、最为成功的业务的盈利能力？如果说您所酝酿的变革需要以企业的重大调整重组为代价，那么您是否真的明确这样做可能带来怎样的结果？您是否有自信以自身的能力渡过难关？这样做会否伤害到公司现有的客户群体？

当然，每一家公司在增长过程中都要承担相应的风险。评估公司财务前景的意义在于，让您对每一种假设营销方式的风险和回报之间的关系建立明确的认识。最终，将由公司最高管理层判定哪一种假设营销方式值得冒险。鉴于此，只要这些营销方式中的风险被辨别出来，核心与执行团队之间就有必要进行合作，以便确定哪些风险需要在决策之前加以进一步研究分析。

思考与表达

在阶段 2 接近尾声之际，您公司核心团队的成员应当能够说清每一种营销方式及其相关能力系统的优势和风险。您应该建立一种自信，即您所提出的任何一种假设都能发展成为真正可行的营销方式，值得您为其付出精力。其实，每一种假设营销方式都有其相应的逻辑原理。也就是说，只要设计精妙、执行得力，它们都能为您赢得“获胜资格”。

选择阶段

以上几个阶段或许已经耗费了您两个月甚至更长的时间——也许是数月之久。您所掌握的假设营销方式已经被扩展成了内容翔实，可以付诸实践的战略选项。您的心中早已有了诸多营销方式待选，支撑每一种方式所需的能力系统也已明确。您甚至已经预想过这些营销方式对应的产品和服务。此刻，作为企业高管，应当对阶段 2 的评估结果进行一番回顾，为公司选定一个更具协调一致度的发展战略。简而言之，现在到了对公司的未来前景作出展望的时候了。

选择一种营销方式及其相对应的能力系统，与您所做过的其他商业抉择并不尽相同。这是对您公司发展目标的基础性展望，其中暗含逻辑规律。这一选择将为公司的诸多举措奠定基础，决定您解决各种日常矛盾冲突的方式，同时催生公司所需的基础优势。您不应当将其与平时的决策混为一谈。

阶段 3：选择

目标：建立以能力为驱动力的战略，并得到公司同仁们一致赞同。

角色

高管团队：选择并践行一种营销方式及其对应的能力系统，并确立相关的目标。

核心团队：推荐一种营销方式。工具与练习：战略研讨会，未来趋势预测，压力测试，其他更多回顾练习（见下文）。

更多部门：提出商业案例以供参考。

关键问题

营销方式：您所选择的是哪一种营销方式？

能力系统：公司现有的能力系统能否支撑其赢得“获胜资格”？

产品与服务：公司同仁们一致赞同采取何种产品与服务组合？做出相应的改变需要制定怎样的时间表？

基础优势：在您的心目中，判定这些新举措是否成功的标准是怎样的？

经过这番选择之后，部分品牌和服务的重要性将得以提升，相应业务部门工作人员的士气也将大大得到提升。其他产品和服务部门将会面临更为艰难的局面。从此之后，他们在投资方面将得不到照顾，有些部门甚至会被剥离或者关停。您之前制订的某些短期目标或许也会因为失去独特性而被叫停。

因此，在进行此类选择时，您很可能会有一种被人揭开伤疤的感觉。但只要您有效地完成了前两个阶段，那么您完全可以自信地作出决定。您即将在理念上经历一次根本性的变革——正是您的经验以及您与团队同仁们此前的工作为其奠定基础。

通常情况下，这一阶段都是从核心团队提出选项开始的。为了实现这一目标，您需要首先进行三项活动。有些公司对于"选择"非常重视，常常拿出两天甚至更长时间来开会讨论——这样做可以让参与讨论的人有足够时间对问题进行深入思考。下列三项活动都有可能满足您的需要：

- 战略研讨会：引入每一种营销方式，都有可能得到团队之中不同成员的支持，他们在现有职位上的工作经验，是作出判断的依据。财务部门负责人也许会主张将公司打造成为"整合者"，市场营销部门负责人也许青睐"信誉玩家"套路，而生产运营部门领导可能更加偏爱"快速模仿者"营销方式。每一位部门领导都会就其所选择的营销方式制订出一套完整的方案。他们知道依靠何种能力系统才能获得成功，明白他们选择的营销方式可以为客户带来与众不同的价值，也知道该如何弥补能力、资产、产品和服务等方面的缺憾。

- 未来发展形势预测：由核心团队的不同成员阐述每种假设营销方式的优缺点，对未来五年的发展趋势加以预测。如若选择了某种营销方式，将会产生怎样的后果？公司将要面临怎样的挑战？还需要获取或是建立怎样的能力？最大的竞争压力来自何方？根据尽可能多的实证，公司究竟能凭借某种选定的营销方式取得怎样的成功？原因为何？基于您打算引入的营销方式，想像一下，如若公司登上报纸头条，将会被怎样描述？您的公司究竟会成为行业翘楚还是被别人并购的目标？或是呈现两者之间的某种形态？

- 压力测试：审视每种营销方式所暗含的挑战和潜在的回报。在资本市场、环境、安全、健康、人力与智力资源、全球与本地竞争及颠覆性技术方面，您都面临哪些挑战？对于每种营销方式而言，其市场份额和盈利能力的合理区间又是怎样的？对这些加以详细对比，看看各营销方式在面临相同挑战时各自能衍生出怎样的应对措施。

无论您如何安排这些活动，都应当让董事长和高管团队出席最后一次会议，因为最终的决定取决于他们的态度。在这一阶段（以及接下来有必要的阶段），公司的高管团队应当就下列这些与公司战略密切相关的要素做出决策：

- 选出一种营销方式，确定相应的能力系统，着手在产品和服务方面做好准备，以便充分利用“最佳时机”。（如果您的公司是一家大型企业，那么您或许可以将公司划分成诸多独立的业务部分，每一个部分都引入专属的营销方式，并配备相应的能力系统——但是在这一过程中您必须保持清醒，随时准备抵消由如此划分而导致的协调一致度的下降。）
- 为那些可以帮助您创造价值的营销方式做好准备，指明方向——比如说借助增长、并购、减少不必要的成本等方式——以便将更多资源用于建立真正有价值的能力。
- 为您选择的营销方式开辟一条通用路径。高管团队需要明确指出，采取这一战略可能带来的结果，以及实现目标还需花费多少时间与精力。

完成这一系列步骤之后，您大概已经意识到确定一种营销方式及其相应能力系统的妙处，并从中感受到了“协调一致带来的回报”。尽管如此，如果从更广阔的市场角度出发，单单只靠一种营销方式显然已经不符合实际情况。即便您只选择一种营销方式，从起点通向成功也很可能需要经历一个漫长的过程。请记住，无论发生何种情况，想要创造价值，就必须重视公司的相对协调一致度。如果您计划引入两种或者两种以上的营销方式，那么就应当开诚布公地就取舍问题与公司同仁展开讨论。引入多种营销方式，会对您在关键能力方面的投资产生何种影响？这将怎样分散您的精力？为了对抗那些更为专注的竞争对手，您该怎样擦亮眼睛、理清思路？

在选择阶段及其所属的各个步骤，尤其是身为首席执行官或是高层领导，您都必须谨言慎行，同时保持比平日更加敏锐的注意力，密切关注公司面临的每一个选项。其他同仁都期待着您能守住承诺。如果您自己都不能将精力聚焦在您所选择的战略之上，那别人又怎能做到这一点呢？倘若被迫面对连高管团队都不愿承担的重大变革，公司员工都将陷入尴尬境地。相反，如果您能够信守承诺，那么您将为公司的全新运作思路建立一套完整体系——要想将所选定的公司战略付诸实践，您必须借助这些全新的运作思路。

变革阶段

在这一阶段，企业高层管理团队负责人将会对一系列数不胜数的、亟待解决的事情加以审视，然后对团队其他成员说："我们现在没办法将事情一股脑儿地都解决掉，那先从哪儿下手呢？"就本阶段而言，为了回答这些问题，您可以制订一系列目标：想办法建立亟须的能力，改变投资计划，设计全新的组织业务架构，调整产品服务组合——同时，您还需要确定这些"变革"的先后顺序。此外，您最初的行动计划也很重要：您应该首先列举一系列显而易见的事实，以展现公司营销方式所需的必要变革项目。

到了变革阶段的尾声，您的公司很可能已经改变了自身的等级架构，重新选定了发展目标，再度确定了建立关键能力所需的资源，为找寻一条适合公司自身的主要发展道路列出了详细方案，并且调整了研发项目的优先顺序。这些决策将向所有人证明，您正朝着提高公司协调一致度的方向努力。

阶段 4：变革

目标：制订变革计划，以及最初的行动方案。

角色

高管团队：就资产组合的变更、增长途径，建立相应能力的最初方案和成本等作出决策；调整公司的运作方式与组织架构；组织必要的对话讨论。

核心团队：为资产组合变更和具体的执行方式制订计划。为高管团队制订一套沟通策略，以便帮助确保公司所有同仁都能理解高管们的意图。工具与练习：提高协调一致度的组合“矩阵”（图 6－1）；评估公司的增长空间（第七章）；削减成本的步骤（第九章）。

更多部门：在计划发展过程中全程参与并提供助力。在整个公司层面，那些下属机构、团队和项目的负责人们应当根据公司的整体战略制订行动方案，并确定与之相适应的执行计划。工具与练习：获胜资格矩阵（本章前文中提到过的）；提高协调一致度的组合“矩阵”（图 6－1）。

关键问题

营销方式：您所选定的营销方式是怎样适用于公司业务的每一个方面的？您应当怎样对公司作出调整以凝聚力量？

能力系统：您应该怎样建立、发展或是购入之前没有但目前所需的能力？您的经营管理模式怎样支撑您的能力系统？

产品与服务：您应当对哪部分业务进行扩张？您应当剥离哪些业务？为了在资产组合方面做出调整，怎样才能确保公司各部门都做好准备？

基础优势：为了维持企业的协调一致性，您需要做出怎样与众不同的决策？如何重新建立对于公司业绩的期望并掌握实际结果？那些趋势或是外部力量有可能对您的营销方式和能力系统产生怎样的影响？

事实上，您正在经历一个临界阶段。您必须为新的秩序制订方案，并以审慎的态度对其加以完善。对于参与其中的高管团队成员而言，这或许是整个变革阶段中最有趣的部分，因为一切都还是新的——作出选择的刹那是令人眼前一亮的时刻，您将根据这一选择对公司整体进行重组，见证大量相关措施的启动。一切均以实现更高程度的协调一致为目标。

与此同时，无论您如何成竹在胸，眼前的局面都在不停发生着变化。公司的其他同仁正等着看您是否会犹豫不决。他们想要确定，自己能否全心全意追随您的领导而不至于浪费精力。您也应该能感受到，他们还希望能明确，自己在公司中的地位、所从事的项目及其前景将会发生怎样的变化。

完善计划的过程或许会持续数月之久，其间还会经历各层级的会议讨论。公司的高管团队很可能会面临许多亟待解答的问题。对于那些即将被剥离出公司资产组合的部分产品服务而言，应当如何充分榨取其价值？怎样才能把它们卖个好价钱？在您将资金转而投向那些真正有意义的能力之时，应当在哪些方面压缩成本？为了改善公司的能力系统，您需要整合哪些方面的知识？具体如何操作？

在制订公司整体变革计划之时，或许还应当让核心团队成员和公司其他同仁也参与进来。在这一过程中，您应当识别并提拔那些关键人物，花费精力帮助公司员工适应新的工作方式，同时评估各部门负责人的领导能力。每个区域或是业务部门的领导者，或许都需要就价值创造、增长、并购和成本控制提出他们的独到见解。根据已经选定的主要营销方式及其相应的能力系统，公司需要在具体的市场竞争过程中做出哪些变革调整？在这一过程中，公司需要在形式结构、私下交流、正式沟通、企业文化、招聘形式和人才管理方面做出哪些改变？核心团队部分成员或许会在这一阶段提供重大助力，与公司各部门同仁合作，助其在各自的业务领域建立能力驱动战略。

所谓“关键时刻”，指的是那些能够让公司所有员工都明确感受到变革的方向和程度的决策与行动。杰克·韦尔奇(Jack Welch)担任通用电气首席执行官的经历，便为我们提供了不少绝佳范例。1981 年，刚刚就任通用电气首席执行官的韦尔奇，将战略策划部门裁员 80%，在接下来的三年时间里，他剥离了 117 个业务部门。最后一个被他抛弃的部门是公司旗下的小家电事业部——通用电气家庭用品分部。1984 年，通用电气将该部门出售给了百得公司(Black & Decker)。正如诺埃尔·蒂希(Noel Tichy)和斯特拉特福德·谢尔曼(Stratford Sherman)所指出的，对于通用电气而言，家庭用品分部是一个走下坡路的业务部门，与公司当时的能力系统和整体战略几乎没什么关联。然而对公司部分员工来说，这却是一个标志性的部门，因为世界各地的用户都能在家中的闹钟和卷发器上看到通用电气的商标。出售家庭用品分部，开启了“通用电气公司重新寻回自我的进程，迫使那些之前未被察觉的问题浮出水面。全公司的雇员有史以来首次开始严肃思考通用电气的使命任务，对各种假设提出质疑，同时讨论了那些原本无人提及的问题。”

当您开启属于自己的“关键时刻”之时，您的公司也会出现类似的情况：这是您带领公司向协调一致迈进的第一项大胆举措。您将要组织为数众多的讨论对话，深入了解各种表象和潜在的怀疑论调与反对观点。比如说，您有可能在某天下午遭遇公司大老板或是董事会成员针对为何出售某盈利品牌的质疑。第二天上午，您或许又要顶着某些部门领导的抗议，下令中止多项创新计划。您大概不得不对他们说“对不起啊，这些不符合公司战略”或者“换一种营销方式公司或许更有发展潜力，这就意味着我们需要剥离阁下所在部门依赖的部分能力”云云。

您还可以寄望于激发公司同仁的热情与兴趣。眼下，您已经将手里的赌注摆到了台面上，公司(或者特定部门)所有员工的努力方向也已明确——您将会发现，有许多人已经加入了变革的行列。这些人明白，只有在一家协调一致的公司，才能为自己博取更美好的未来。您需要做的，便是以当初制订未来发展战略时同等的细心与专注，将其付诸实践。参与这一过程的“有价值人才”（包括那些原有项目被“枪毙”的同仁）越多，公司整体变革的效率也就越高。

发展阶段

到了发展阶段，您的公司应当已经进入了一个“全新的常态”：新的营销方式得以贯彻，能力系统得以改良，所有同仁都在亲身感受所谓的“获胜资格”。在这一阶段，您的公司将成为一家“将协调一致纳入日常经营”的企业。为了维持这一状态，公司经营者需要继续处理好那些能够支撑公司营销方式的能力之间的关系。与此同时，公司发展的外部环境也在发生变化——有些时候，这些变化并不连贯。在您以新的方式推进企业发展战略之时，大量困难挑战也会随之而来。因此，您必须持续及时做出决策，以便强化协调一致度，防止公司退回到之前那种松散的状态。

阶段 5：发展

目标：以持续的行动和不断更新的承诺支撑全新的营销方式及其相应的能力系统。

角色

高管团队：坚定信念；保持与各部门之间的沟通，并对公司战略进行强化和巩固；保证不断开启“关键时刻”；防止公司因缺乏协调一致度而退化。

核心团队：从某种程度上而言，在这一阶段，核心团队成员会成为非正式的“协调一致度管家”，专注于企业文化的变革，同时密切关注整个过程。

更多部门：贯彻公司战略；以公司能力范围为准制定日常决策。

关键问题

在新的营销方式下，您该如何调整企业的发展节奏以适应市场动态？

能力系统：您该如何继续发展并改善您公司独有的那些能力？

产品与服务：哪些是您公司增长与扩张的最佳选项？

基础优势：怎样让公司上下全体同仁在每日工作中越来越容易满足协调一致标准？

就这一阶段的细节而言，每家公司的情况都各有不同。但有一条原则是相通的：在公司营销方式的框架之内，您需要持续努力将公司的能力系统适用到尽可能多的产品和服务上。

发展阶段并不是一个程序化的阶段，而是一个永不完结的过程。但就本身的多变性和重要性而言，它并不亚于之前的任何一个阶段。该阶段包括创新方面持续不断的调整、改进和扩展，为追求增长而实施的诸多举措，以及其他一些有助于引入所需能力的实践行为。从这一阶段开始，您将为您的公司制定独一无二的法则，任何之前得到承诺并为公司成功做出贡献的同仁，都应当被视作参与制定法则的功臣。

在准备进入这一阶段的时候，您还需要思考另外两个问题：一是公司需要做出哪些改变（第十一章），另一个是领导层将要遇到的挑战（第十二章）。

全公司范围战略行为引领者须知

在全公司范围建立能力驱动战略并触及诸多业务领域之时，谁来充当引领者？是公司的核心管理部门，还是各业务部门？根据我们的经验，这两方面都可以积极参与到整个进程之中。建立能力驱动战略的最初动力，大概取决于您公司所拥有的业务部门的数量。如果公司只有两三个业务部门，那么以它们为出发点，分别制定不同的战略，在评估阶段加以整合，是合理的。如果公司拥有大量业务部门，那么核心管理部门就应当担负起引领者的重任。

当您准备好作出选择的时候，请尽可能做到迅速、果决，这样各业务部门便可以尽快开启对于所属市场的发现过程。从本质上说，您要提供一系列基础的假设营销方式，供各业务部门领导者考量。同时，您还需要排除一些假设营销方式，以防各业务团队在不必要的选项上浪费时间。

在这一讨论过程中，应当让各业务与职能部门的负责人都参与进来，因为您此刻做出的决定会影响到这些负责人探索各自市场领域时的自由度。如果他们在公司整体的假设营销方式和其各自的业务部门之间看不到关联性，那么您就需要找到个中缘由，重新考量所选定的假设营销方式，或者干脆将不相符合的业务部门作为特例处理。（这些部门或许并不符合整个公司的前进方向。）无论您做出怎样的选择，这一重要步骤都会提升您公司的协调一致度，而不是勉强制定一个能够满足所有业务部门发展方向的整体计划。

由于公司自身情况存在复杂性，所以高管团队——包括首席执行官在内——必须肩负起更加重要的职责。他们需要制订议程，罗列约束条件，同时提出前景和目标，以便将整个公司引入这一进程（比如说，"我们的资金投入水平不能再提高了"、"五年之内，我们希望在新兴市场实现利润翻三番"、"我们提高盈利能力不能以降低客户的满意度为代价"等）。

相较于业务部门各自的努力，在全公司范围建立能力驱动战略花费的时间更久，同时也会涉及更多方面。首席执行官将参与诸多会议，与核心团队共同努力，（在有必要的情况下）聆听充当"配角"的部门负责人、专家以及董事会成员的意见。有时还需要将投资者也包括在内，在做出近期权衡或是资产结构调整时，很有必要考虑股东的意见和容忍度。尤其是当决定进行重大并购行为时，您是否得到了资本市场的“允许”?

您在阶段 3 作出选择之时，应当将关键业务团队的提议考虑在内。在为公司整体选择某种营销方式的过程中，不可避免地会出现表面看上去偏重某些业务部门利益的情况。如果的确是这样的话，您就需要坦诚直白地处理其他业务部门所提出的质疑：假设某一特定业务部门追求价值最大化的战略需要与其他部门完全不同的营销方式和能力系统加以支持，那么该部门是否有必要继续保留？当然，您也有可能会遇到一些临界个案：有些部门要在引入某些独门“桌面赌注”的前提下才能取得成功，但在某种程度上，他们依然需要公司能力系统的支撑。这是一个不错的机会，您可以采用第六章中提到过的方法进行企业资产组合分析，并对每一个业务部门所扮演的角色作出明确结论。

在应对公司自身复杂性的过程中，您必须时刻与各业务部门的运营团队保持密切接触。我们推荐您定期举行高层讨论会，以便观察各种假设营销方式逐渐成形的情况，看看哪些营销方式正崭露头角或一路领跑。您需要再次站在公司整体的视角上解决问题，以便增强公司的协调一致度。所以，这些讨论是非常重要的。

最后，您应当确保公司的组织结构足够稳固，以便顺利推进整个过程。在下一章中，我们将就某些能够促进公司形成战略的创新措施加以深入探讨。

第十一章　按照协调一致原则安排经营

大部分生意人都曾经无数次调整过自己公司的经营安排。每一次调整都有其合理性，但这些调整却基本上与企业战略没什么关联。有些调整意在以地理位置分布为基础开展业务，有些调整则倾向于由公司核心总部掌控全局。有些调整意在降低成本，但有些调整则是要提升地方业务部门的自主权限。只有极少数的调整是由企业战略驱动的。事实上，以成本为例，所谓"经营安排"通常与企业战略存在较大差异。

那么，如果您为了支撑公司的营销方式，充分利用能力系统而对公司的组织等级体系加以调整，会出现怎样的状况呢？除此之外，如果您为了巩固强化新的组织经营架构，而有意与公司内部各阶层同仁进行非正式讨论对话，又会引发怎样的态势呢？如果您公司在人才与招聘方面的政策和实践是围绕"寻找并培养将公司能力推向极致的人"而建立的，将会呈现怎样的局面？假如您能为这一切找出解决方案，那么您就可以建立并大大强化一个"能力驱动的公司"。基于此，您的公司将足以在日常经营中贯彻"协调一致"原则。

"能力驱动的公司"究竟是什么样的，或许您的脑海中已经有了一个模糊的概念。如果您所想的与我们所主张的概念类似，那就很容易说清了。如此一家公司的雇员，无论是领导团队还是底层职员，都明白自己的工作应与公司首要的整体战略相适应。他们都以自己为公司能力系统做出的贡献为荣。有关营销方式的明确思路，以及将其推向成功的具体方式，都深深植根于公司各阶层雇员的日常决策与行为之中。他们确信，在一家拥有“获胜资格”的公司任职，将获得相应的回馈——无论集体层面还是个人层面，均是如此。这反过来会催生出一种乐观专注的心态，让他们以务实的态度对待公司战略所蕴含的风险和回报。

为了您的公司也打造成为这样的企业，您需要考虑下列几个问题：

1. 如何设计规划一套能够提高协调一致度，同时帮助您建立并改善能力系统的运作模式和组织架构？

2. 为了提高协调一致度，“非正式组织架构”（也就是您在公司上下等级架构之外建立的沟通机制）应当发挥怎样的作用？

3. 在人才管理（招募与培养）方面，您应当怎样改变？

下面就让我们依次审视这些问题吧。

设计规划一套协调一致的企业组织架构

21世纪伊始，在建立以疗效宣传为基础的营销方式和能力系统的过程中，PCH围绕自身的能力，对经营组织架构进行了调整。您或许还能回忆起我们在第一章中所讲述的，该事业部整合了六种彼此之间密切相关的能力：

- 通过“从处方到非处方”的转换，开发并推广新的非处方产品。
- 基于“疗效”的市场营销，向消费者宣传产品显而易见的健康效益（华纳兰伯特已经在李施德林、速达菲和其他一些案例上做出了榜样）。
- 在普通商店和药店两方面的有效的零售执行（例如产品摆放定位、疗效宣传沟通、定价策略、推销促销等）。
- 影响监管部门和政府政策的能力（以便让自身对于产品疗效的宣

传在众多国家和行政区属于合法行为)。

• 对于入选品牌的集中管理,将其推广为具有全球影响的品牌。

• 药物类似产品,在“形状和配方”上加以创新,以便公司宣传时抬升产品在保健方面的价值。

与许多其他企业“失败”的调整不同,PCH 取得了成功。原因有二:其一,此番调整与能力系统密切相关;其二,调整过程有着很高的自由度。根据公司自身在不同方面的能力,辉瑞的领导者们提出了三种不同类型的组织架构机制。第一是组建全新的企业资产管理团队,第二是适应非正式的沟通网络渠道,第三是安排新的行政职位以填补能力发展方面的空白。

在资产管理方面,PCH 在全世界范围组建了一系列专门团队,以便监督李施德林漱口水、力克雷和仙特明等拳头产品与重点“黄金品牌”。组建这些团队并非“简单补充”,而是要对相关产品成功与否全面负责。黄金品牌团队得到了独立的预算授权和决策权限,同时要对产品在全球范围的盈亏负责。

如此行动的结果便是建立了一套能够有效促进合作的组织架构。各地的区域分支对于部门整体的表现依然负有责任,但他们同时也为全球品牌团队提供了强有力的支撑。这样做是有动机的——每一位团队成员都能基于其对“能力驱动战略”的贡献程度获得相应的回馈。

黄金品牌团队概念本身就是一个典范,表明 PCH 希望在组织架构样式上有所尝试。这一概念源自数年前收购的戒烟产品力克雷。在该产品原来所属的法玛西亚公司,力克雷的全球市场营销团队便拥有充分利用各种机会取得长期快速发展的经验。举个例子,每当有名人因为肺癌辞世,或是在禁烟城市的餐馆里公开吸烟,力克雷的广告都会立刻在当地出现。收购力克雷品牌之后,看到这一团队的高效表现,PCH 将其“圈”了起来:力克雷的市场营销团队得以继续在尽可能少的限制条件下开展工作。认识到此种模式的优越性之后,PCH 立刻将其推广到了所有的黄金品牌。

关于另外一项能力——也就是对监管部门和政府政策的影响——PCH建立了一系列“实践共同体”：即通过“非正式”沟通渠道发挥影响力的“正式”工作小组。部门领导们在全世界范围选定了十五个国家作为关键市场，为每个市场组织了一个包括律师、健康专家和数位来自公司其他部门的代表在内的工作组。此刻，这些“实践共同体”已经可以帮助PCH将自己的营销手法和产品理念从一个国家推广到其他国家了——毕竟，这些手法和理念非常依赖声望、沟通和信息情报。凭借专业洞察力以及对于本地具体情况的熟悉，“实践共同体”足以承担起影响监管部门和政府政策的重任。

第三种架构机制是任命一位负责全球范围产品创新的副总裁。辉瑞公司需要一个专职监督医药产品创新的职位——这一能力非常重要，对于该部门而言也是一种全新的能力。该副总裁主管审批新的产品开发项目，需要保证公司在研发投资和整体营销方式之间的平衡方面保持持续关注。设置这一职位，也会带来更多潜在风险。例如，使医药产品与消费者保健产品产生不必要的直接竞争。

对辉瑞而言，这些都是陌生的全新理念，而它们也的确为PCH的成功提供了有效助力。与此同时，这些组织架构机制与大多数公司常见的“矩阵”式、“网络”式，或是“集权”式架构都不相同。它们是直接围绕公司能力系统建立的。如果一家公司从组织架构角度便引入了协调一致概念，就能在很大程度上避免困局和精力浪费。PCH的成员们第一次不用在“传统职能角色”和“公司营销方式改进者”之间做出艰难抉择。有关全球市场大局和地区市场孰轻孰重，或是创新与市场营销之间谁更关键之类的权衡，也随之减少了许多。这些组织架构机制提供了一套系统化的解决方案，有助于围绕公司所有雇员的关注方向对能力系统进行管控，让大家都专注于那些对企业发展起到关键作用的能力。

在辉瑞公司重新规划调整组织架构的过程中，有两大要素发挥了至关重要的作用。其一是以相对开放自由的态度设计为公司能力提供支撑的组织架构。其二是强调直接问责制。在大多数情况下，若想对能力系统提供支撑并实现高水平的经营表现，您需要的是能够独立快速做出决策并加以实现的团队。因此，您在组织架构设计方面的目标，应当是建立并改善问责机制，提升部门团队的独立性，加强跨部门沟通与合作。或是像战略作家肯·法瓦罗（Ken Favaro）所指出的，“业务部门的结构所反映的应当是公司的整体战略，而不是别的什么东西。”为了让公司所有同仁都保持正确的方向，您应当依靠企业固有的协调一致性，以及它在企业员工与能力系统和首要战略之间架设的关联。

协调一致代表了企业组织结构体系设计的一个重要方面。目前已经有不少公司正在这方面进行尝试了。举个例子，我们在第六章中提到过，奥斯龙公司将自身产品线划分为两个基本领域，并为它们建立了六套不同的能力系统，用一种强调以功能性团队实现这些能力的全新企业组织架构。有些公司已经建立了各自负责的业务部门，并将建立与维护能力列入了它们的权限范围。有些公司直接任命了所谓的“能力主管”，由其专门负责引导朝正确方向投入资源，并建立与正确对象沟通的内部机制。还有一些公司则引入了内部竞选机制，将各项能力分类命名，为其提供顶级助力，或许还会给那些贡献聪明才智的雇员提供“认证”。与 PCH 类似，某些企业也将上述部分方式与不同的能力进行了相互配搭。

另外一种对建立能力有所裨益的模式，参见雷诺日产联盟（Renault-Nissan）首席执行官卡洛斯·古森（Carlos Ghosn）于 21 世纪初为推进变革而设的九支横跨整个企业的跨部门团队。古森在某次接受采访时提到，这些团队是经过慎重考虑方才组建的，意在“将来自不同地域、不同职能部门，连资格辈分也不尽相同的企业雇员凝聚为一体”。每一支团队都被赋予临机决断之权，可以直接处理公司在能力系统上的缺位和其他问题（比如说产品复杂性、公司组织架构体系，或是业务发展等），并在三个月内找到解决方案。时至今日，雷诺日产联盟依然保留着此类跨部门团队，继续应对与时俱进、不断变化的市场形势，为公司寻找发展机遇。

古森曾经这样解释跨部门团队的重要性：“根据我的经验，公司里的管理人员基本上不会跨越部门之间的界限。通常情况下，工程师们倾向于与其他工程师合作解决问题;销售业务员喜欢与销售业务员一起工作。来自同一个国家的员工相处起来也感到更加惬意。问题在于,隶属于同一职能部门或是地区团队的员工,并不会经常进行深刻的自我检讨。”

当您重新思考公司的组织架构之时,这些(以及其他未被列出的)理念或许都具有合理性,但有一条原则是必须坚持的,即保证员工与公司最重要的,长期坚持不变的独有能力所带来的结局保持直接联系,作为相对短期的财务问责制的补充(或是替代)。为了达到这一目标,您需要确保一种要素永不缺位,即能够吸引人们参与其中的、可度量的、可认知的“预期回报”,并充分利用与您营销方式密切相关的能力。

举个例子,负责某项与创新相关的能力的团队,或许应当密切关注财务报告,及时了解创新投资、收益率曲线、销售渠道状况、成功率,以及创新渠道与公司营销方式关系等方面的信息。这些数据要远比单纯的新产品销售情况更有价值。

您或许会说自己已经有了一套帮助建立能力的组织架构,也就是那些现有的职能部门。毕竟这些部门都是根据“专业人士懂得专业知识”的原则建立起来的,目的是为了公司的成功提供相应的能力。但在大多数公司,伴随企业本身的不断发展,这些职能部门几乎从来不会与公司战略取得成功所需的能力系统产生交集。他们会在职能强化方面耗费大量投资,这与区分独特能力和“桌面赌注”的原则背道而驰。强迫这些部门成为“能力管家”,很可能导致公司的协调一致度进一步下降,尤其是在职能强化与能力强化之间的矛盾未被发掘或是未被管控的情况下。

要建立真正的能力驱动战略,大多数企业都还有很长的路要走。但我们的确已经看到,在进一步密切组织架构与战略之间关系方面,不少公司已经展现出了趋势。部分传统的职能部门或许会依照这种方式作出改进。例如,研发团队可能会将关注重点由内部技术规则转向自身所支撑的能力系统。销售与市场营销团队或许会融为一体,以便通过更为协调一致的方式途径拉动市场需求。随着公司各部门逐渐厌倦了互相推诿和暗中内耗,转而将更多精力放到向客户传递更多价值上来,这一进程或许还会得以加速。我们甚至还听到一种观点，用“新部门”取代针对某一项业务的传统职能部门（如说信息技术部门、人力资源部门、运营部门等），打破职能部门与产品部门之间的固有界限。每一个“新部门”都应当直接负责以系统化的形式建立、维持并应用某种独一无二的公司能力。

为提高协调一致度而进行的沟通

改善公司的协调一致度，关键之一在于建立一种企业氛围，让各级雇员自然开展跨部门的“非正式”沟通交流：协调整合各自的努力目标，分享信息，确保相互之前不会背道而驰。因此，您在最开始应当重点关注的目标之一，是鼓励手下员工强化沟通交流。在《线外的领导》（*Leading Outside the Lines*）一书中，乔恩·卡岑巴赫（Jon Katzenbach）论述了“非正式组织架构”，值得您参考借鉴。所谓“非正式组织架构”，指的是人们交流知识、表达意见和自豪感的人际关系网络。这些沟通交流通常只是简单的“走廊对话”，但却能为建立提升公司的协调一致度提供非常重要的途径。

若想启动所谓的“非正式组织架构”，千万不要依赖精心准备的陈述发言或是员工会议。您应当以非正式对话的模式将员工聚集起来，就公司现阶段改变带来的问题加以讨论。这样的对话有可能会触及以下话题，比如说公司该如何实现差异化发展，营销方式如何发挥作用，公司战略和与会雇员的就业岗位之间如何相互适应，等等。只要是鼓励员工参加，而不是强迫或是摊派，诸如此类的对话就可以发挥帮助作用。进行如此非正式的沟通交流，只需简单的环境和部分基本规则（比如说尽量避免发生打断他人发言等情况），否则与会者无法轻松惬意地畅所欲言。

由于自身（有时还包括其所在的职能或业务部门）正面临巨大压力，与会者们通常都会感觉参加这种对话沟通是非常值得的。您可以派发邀请函，以便将来自不同部门的员工聚集一堂。分属不同职能部门和业务部门的能力之间，是缺乏协调一致度的；这些沟通对话会帮助人们建立跨越部门界限的新型工作关系。

作为2000年至2010年中期战略计划的一部分，PCH在150名管理人员中间组织了一系列此类非正式沟通对话。每一次对话，参与者们都会就公司选定的营销方式、相应的能力和是否有必要做出改变的经营流程进行一番讨论。为了给这些对话奠定基调并确定关注重点，同时激发与会者的想像力，辉瑞公司委托专业人士制作了三幅海报大小的精美图示，将其悬挂于会议室中。第一幅图示展现了公司现阶段“缺乏协调一致度”的状态——一群骏马拉着马车，各自朝不同的方向发力——这反映了PCH旗下拥有诸多不同业务的现状。每一辆马车都代表着某种需要面对特定消费者群体的产品或服务，却被咆哮的河流挡住了去路。那些企图尝试渡过河流的骏马都带着马车被卷进了瀑布深渊。第二幅图示展示了PCH随后即将遭遇的局面：除了车况更好、马匹更壮的马车，还有几辆汽车。六种基本能力在画上也有体现，被绘制成了跨越河流天堑的桥梁。有部分车辆已经开始过河了。第三幅图示更像是一张蓝图，展示了PCH借助自身那经过精挑细选的能力系统而建立的桥梁。

参与过非正式对话的150名管理人员接受了一个任务——通过类似的非正式渠道将这些信息传达给下属员工。为了让这些信息内容在传达过程中始终保持如初，每一名管理人员都领取了这三幅图的复印件。新的战略决策还得到了提炼总结，与相关的产品和服务（即所谓的“积极成长型”和“温和增长型”品牌）名称一起，被印到了笔记本大小的折叠卡片上，将每一种能力都用“管理命令”的方式表达了出来（例如“成为那些寻求以非处方药取代处方药的客户们的首选”等）。自此之后，无论“非正式沟通交流”是在走廊还是餐厅进行，您都能听到大家在讨论公司的营销方式，以及各项基于能力而发布的命令。

我们所知的那些最有效率的商业领袖们，都会利用这种简单方式组织公开讨论，用他们自己的方法进行沟通对话，同时提升各部门各层次的协调一致度。他们还会寻找能够在公司新战略执行过程中发挥领导作用的“非正式领军人物”——这些人理解新战略的价值，乐于就公司的营销方式、新的能力以及相应的挑战展开讨论。作为务实的乐观主义者，这些“非正式领军人物”可以被给予更多机会，从而在各职能部门之间加以沟通，以便帮助公司的能力系统真正发挥作用。等到公司员工开始自行主动展开讨论之时，“非正式沟通交流”才会开始展现它的真实价值。组织此类对话，就像人工降雨一样，可以在公司内部创造出和谐有利的环境。持续的沟通对话，有助于鼓励公司上下将协调一致融入日常经营之中。

在公司协调一致度相对较高的情况下，此类沟通网络比较容易得以维持——对于一家协调一致的公司而言，组织架构机制、员工们参与对话的动机和非正式的沟通网络都是围绕既定的营销方式建立的。人们对于非正式的交流沟通更加适应，彼此之间更加容易理解，公司整体环境中的矛盾冲突也相对较少。更重要的是，持续的非正式交流沟通会对建立并维持能力发挥重要作用，因为员工之间可以彼此借鉴学习。目前，协调一致度与人际关系之间相互产生影响的原理尚未得到完全提炼归纳，但我们相信，未来数年商业领域的经验终将证明它们相互之间的重大价值。

人才机遇

想想看，一位首席执行官在用人之时需要做出哪些决策？谁才是最适合某一部门的人选？哪些领导才能和管理技巧可以通过招募人才获得？哪些又最好通过自身发展来建立？我们该如何招募并留住适应公司状况的人才，并将其培养成为领导者？

企业总部所扮演的关键角色之一，是掌控整个公司的人才政策。从长远来看，这大概是首席执行官和高管团队对公司影响最大的方面。设计并执行一套具有创新意识的人才管理体系，是一位商业领袖为提升公司协调一致度而采取的最重要的举措。

为了执行一套具有创新意识的人才管理体系，您或许需要改变某些有关人性和职场的根深蒂固的观念。许多公司领导者认为，一个人的才能应当符合其专业职位和职能分类：财务经理应当专注于降低成本，而市场营销主管则要思考怎样拉动销量增长。但是，对于一家员工跨部门合作的、协调一致的公司而言，则需要招募那些能够融入公司营销方式的人才。在“体验提供者”型公司前途无量的人，到了“集成者”型企业便会感觉英雄无用武之地，反之亦然。

因此，您需要明确何种人才能够分别满足您公司各部门的需求：有的人性格直率，有的人谨慎慎重，有的人富于实验精神，有的人倾向于开诚布公，有些人随时未雨绸缪，有些人喜欢趋利避害，有些人恭顺有礼，有些人倾向于参与集体活动……您必须根据实际要求作出选择。这些人如何将自身能力融入公司的能力系统之中？他们是否明白自身的岗位有多重要？加入您公司的人应当感觉到，他们是公司选来准备按照战略重点加以培养的人才——他们已经得到了在自己的岗位上获得成功的机遇，就像公司本身已经在市场上取得了“获胜资格”一样。

那些无法在您公司施展才华的杰出人才，很可能更适合其他企业。就像是一个不适应您公司营销方式的业务部门到了别的公司或许更能盈利似的。密歇根大学的大卫·乌尔里希（David Ulrich）曾经在撰写有关“领导品牌”的内容时提到，适合连锁零售企业的领导人才，或许并不适应一家技术公司。

幸运的是，得以提升的协调一致度，使得公司更容易吸引并留住更多高水平人才。那些符合要求的求职者们之所以被某家公司吸引，是因为他们知道自己的职业前景有望得到扩展。就以一位试图在两家公司之间作出选择的公共关系专家为例吧。第一家公司是一家小型包装食品生产商，号称计划建立一个世界级的公共关系部门。但公共关系本身与公司的营销方式并不相关。处理公共关系的能力，在这家公司只能继续被当作“桌面赌注”使用。目前公司内部只有三名在任的公共关系专家，却要焦头烂额地应对全世界各地的市场。求职者在这里并不能建立她想要的职业之路。另外一份录用通知来自一家创新性能源企业，其营销方式依赖研发，目前正在与政府部门和各大高校研究所建立密切的合作关系。该公司的公共关系部门共有75名雇员，并被视作该领域最具影响力的团队之一。求职者可以在这些专业人士身边得到指导，有望在世界各地的新兴市场为创新能源行业规划美丽蓝图。作为旁观者，您建议她选择加入哪一家公司呢？

事实上，考虑到公司能力系统的现状，那家包装食品企业或许应当将公共关系相关业务完全外包。招募并留住这方面的人才，对该公司而言将是非常困难的。而缺少了相关人才的支持，该公司的公共关系处理能力或许连"桌面赌注"都算不上。

产品研发人员明白，为宝洁、辉瑞或是3M之类的企业工作，能够获得非常不错的职业前景。这些人的工作属于公司能力系统的核心部分，公司的其他精英以及那些处于同样理由来到公司的技术人才都要围绕他们展开工作。公司将以他们提出的理念为基础进行投资，并为其提供从事感兴趣的项目的机遇。此外，产品研发团队成员之间还有许多相互学习借鉴，为公司做出其他贡献的机会。

协调一致的公司企业，同样会将更多注意力放在为人才提供支持上。比如说，提供指导、指明升迁之路，或是鼓励这些人在公司能力系统方面发挥更大作用等。哈佛商学院的鲍里斯·格罗伊斯堡(Boris Groysberg)和其他一些研究者认为。当一位杰出人才得到一群同仁的支撑之时，其价值就会得到急剧提升——需要指出的是，这里所说的一群同仁，必须通过正式或非正式的方式协调一致地融为一体，而公司的能力系统本身也是必不可少的。肯·法瓦罗曾经这样写道，"您自身的能力系统甚至比招募优秀人才更有价值，因为它能够将您的手下培养成为有用之才。"总之，不单单是优秀人才能提升公司的档次，公司本身同样可以凸显人才的优势——尤其是在鼓励人才以独特方式展示才能的情况下。

在下一章中，我们会以一个略显不同的视角对相同的能力系统展开观察，同时对那些曾经在公司能力系统的成形与监督过程中肩负责任的领导者的观点加以审视。

第十二章 有能力的领导者

在这本书中，我们将协调一致度视作一家公司的基础优势。我们阐释了谨慎选择由一整套拥有独到竞争力，彼此之间相互补强的能力系统支撑的营销方式，是十分重要的。我们还描绘了一家公司将自身产品和服务与这些要素相结合，创造并维持获胜资格的具体方式。我们已经观察了建立能力驱动战略的全过程，审视了公司为支撑这一战略而在组织架构机制方面所做的改变，以及您在追求增长、兼并收购和控制成本方面的各项举措。通向成功只剩最后一项关键要素：一名协调一致的企业管理者。

按照我们的标准，宝洁公司前任首席执行官雷富礼堪称在企业管理方面做到协调一致的典范之一。2000 年至 2010 年，正是雷富礼让宝洁公司恢复了以往辉煌的业绩表现。2007 年他获得“管理学院年度经理人奖”提名，这也是他诸多荣耀之中引人注目的一项。然而在就任之初，他却并不被人看好。事实上，雷富礼常常幽默地说起 2000 年 3 月他被任命为首席执行官时，宝洁公司股价重挫 50%的事：

[当时]宝洁公司市值缩水近 500 亿美元。公司上层都在低调蛰伏。大家都保持低调状态。竞争对手们正在疯狂发动攻势。宝洁公

> 司的总部和下属业务部门互相指责。公司雇员呼吁领导们全都滚蛋，而刚刚损失了一半养老金的退休人员则陷入了疯狂状态。分析人士和投资者既惊讶又愤怒……上任十五天后，我调低了公司的增长目标，将其压低至一个我认为务实而可持续的水平上——结果公司股价再次下跌 3.85 美元！

走在追求“协调一致度”道路上的公司领导者们肯定对此感同身受。选择这条道路，就不可避免会遇到类似的困难时刻——尤其是当人们意识到为了将精力维持在重要方向上需要付出多大代价的时候。按照雷富礼的说法，宝洁公司之所以会取得辉煌复兴，原因在于选择和坚持。“最重要的是，”他在接受管理学院颁奖时的演说中表示，“我们将纪律打造成了公司各项业务的基本节奏。不愿作出选择，这是人的本能。但战略本身便是要作出选择。选好一个方向，坚持走下去，这是作为公司领导者的责任所在。”

我们赞同这一观点。作为一名公司领导者，您工作的基础便是凭借自己的能力为公司作出选择：您可以亲自选择，或是授权、协助其他同仁选择，抑或制订一个框架，让手下根据不断变化的时局来作出更好的选择。正如迈克尔·波特所指出的，您应当乐于“向公司其他同仁阐释战略——并且在必要的时候说‘不’。”如果您的公司与大多数企业类似，那么这一过程将不会一帆风顺。向邻接市场扩张、拓宽自己的势力范围、利用对冲手段应对跌价风险，常常无法做到精力集中……这些都是商人的天性，是造成协调一致度不高的根源。

真正有能力的领导者，自己不会被各种乱象迷惑，也不会让同仁感到摸不着头脑。对于那些有可能降低公司协调一致度的要求，他们会明确否决；在向公司同仁阐释未来发展方向及其蕴含的价值之时，他们的态度会更加明朗。他们明白如何在纷乱的局面中理清思路。在确定企业如何才能取得“获胜资格”时，协调一致度是他们最重要的参考指标——凭借这一思路，他们就能在公司上下充分发动员工热情，让大家朝着目标方向迈进。

作为一名公司领导者，您需要坚持既定路线，严格遵循主次顺序。您已经在选择何种营销方式、投资哪些特定能力、分析确定哪些产品和服务符合（或不符合）公司战略等方面出了艰难抉择。您正在抛弃那些与公司能力系统不相适应的增长机会。整个公司都将因协调一致而获得红利，但这或许并不是一朝一夕的事。您将会在这一过程中做出更多艰难抉择，以后还要被迫在公司内部树立一个“在日常经营中贯彻协调一致原则”的榜样。您自身的行为表现终将不可避免地成为“战略与行为保持一致”的典范，这样才能影响身边的同仁。

这些同样适用于您公司里的其他高层管理人员：帮助下属同仁明确为何要改变自身行为，是非常重要的。随着规则发生变化，有些高层管理人员眼下或许并不承担核心职责，这时您或许就需要找到某种方法，让他们也参与到进程当中，给他们委任新的职位，或是鼓励他们另谋高就。我们常常从公司领导者们口中听到这样令人惊讶的表述：他们工作中最困难的部分，是经营与其他高管的关系。“放权他人”和“大权独揽”之间总会让他们感到进退两难。这一矛盾本身或许就是企业协调一致度不高的信号：没有明确的营销方式，对于怎样才能提升价值缺乏统一共识，大多数高层管理人员自然会分头追求自己的目标。与此相反，当公司的战略目标被广而告之，前进方向得以明确之时，大家便会欣然走上同一条道路，最终达成的结果也会呈现几何级数般的增长。

我们曾经在第三章提到，圣雄甘地有一句至理名言：“要想改变世界，必先改变自己。”这句话可以作为您改革的切入点。公司上下所有同仁将会看您能否坚持既定路线、兑现承诺。您需要专注于把握那些已知有效的机会，同时避免表现出“两面下注”的状态。如果您并不能确信自己正走在一条正确的道路上，那么您的前进方向或许真的出现了偏差，因为怀疑和犹豫很可能轻易地将您带入缺乏协调一致度的怪圈，导致全盘皆输。

当然，有些时候您也可能无法取得预期的成就（尽管根据我们的经验这种情况并不常见）。您的战略选择或许出现了偏差，更有可能是在执行阶段(比如说发展公司的能力系统)或是时间流程上遇到了问题。在这种情况下,不要轻易改变发展方针,而是要探明问题出现的缘由,为接下来的工作制定计划,在保持关注目标的前提下调整发展战略。您需要确保公司员工时刻熟悉公司的发展方向和个中原因。此外,您依然需要对创造价值的目标作出承诺,并建立属于自己的基础优势。

无论是在公司内部还是外部,在传达战略的时候您也需要同样的明确态度。您需要在明确且符合逻辑的框架范围内行事。对于股市、董事局、政府监管部门、雇员、行业组织领导者(如果您的公司加入了类似组织的话)和其他各方面,您都需要有所交代。在谈到公司营销方式、所属市场竞争环境、战略目标以及对这些提供支撑的能力系统时,您应当态度明确。

作为能力驱动战略的引领者,您个人并不需要强大的沟通能力,只要能把自己的观点表达清楚就好了。抛弃那些繁冗的命令吧,直接表达自己的意图。大多数公司缺乏协调一致度的硬伤,都是由其雇员的言谈暴露出来的。如果您对选定的战略方向非常明确,并且坚持自身的经营理念,那么这些要素就能发挥比领导力本身更加重要的作用。通过奖励刺激机制和集体讨论,让您公司里的员工逐渐走向协调一致。不要仅凭一己之力组织整个过程;您应当组建一个工作小组(也就是第十章中提到过的核心团队),并随着情势发展随时调整其规模。当同仁们看到公司持续取得成功之时,召集更多人来实现公司的战略目标就不是一件难事了——他们会心甘情愿并主动参与进来。

江森自控前主席兼首席执行官约翰·巴思(John Barth)则代表了企业领导者的另外一种状态。数年以来,他一直坚定推动公司朝协调一致方向发展。20 世纪 80 年代初,随着胡佛环球公司(汽车座椅业务)被江森自控收购,巴思也加入了这家企业。当时,江森自控还是一家年收入 3 亿美元的缺乏活力的公司。巴思和公司领导团队的其他成员一起将其改造成了一家强大的零配件生产商。2007 年末,当他卸任主席兼首席执行官职位之时,江森自控的年收入已经超过 340 亿美元了。

江森自控的战略方向是基于战略预测而制定的：巴思和他的同仁们深知，美国底特律和日本的汽车行业正在发生变革。轿车和卡车的结构正变得越来越复杂，零配件生产商必须采取措施来应对这些变化。巴思和江森自控其他高管们抢先出手，剥离了那些不再适应市场环境的业务部门（比如说塑料制造），将更多资金投入到公司真正需要的能力领域。

在专注于此项战略的同时，巴思还培养了一批助理人员，让其在整个公司向前发展的过程中出力。作为所有助理人员的"指导者"，他向这些人亲自传授了独立判断的技巧以及不同程度的独立行动能力。1996 年，当江森自控收购汽车内饰行业著名厂商王子汽车时，巴思便做出决定，遴选并保留后者最优秀的管理人才。江森自控—王子汽车收购案因此成为二战之后汽车行业少数成功的并购案例之一。

无论是雷富礼、巴思还是其他有能力的企业领导者，都懂得如何激励人心。他们明白如何在一个随时需要作出残忍抉择的世界里，为手下员工创造激情、提供鼓励。由此，他们自己的工作也变得更加有趣了。他们不会被各种凌乱的信息和时间打扰。他们在公司里发挥的作用令人艳羡不已——他们所领导的，是一群有过在市场上成功的经验、明白个中缘由、既有目标又有创造力的人才。就算这些企业领导者离开岗位，也会留下一个比从前更加强大、更有活力、更协调一致的公司；一个拥有坚定的营销方式、其能力系统足以为员工提供发展空间的公司；一个以创造价值和财富、在未来几十年间提升人们生活品质为首要目标的公司。在生意场上，这是最强有力的遗产。

鸣　谢

从某种程度上说，我们要感谢那些帮助我们完成这部拙作的人们：我俩有关价值创造和战略的观点，来源于博斯公司至少两代顾问的辛勤工作——长久以来，他们为“能力驱动战略”奠定了基础。特别感谢那些与我们合作，找寻基础优势的客户。我们钦佩他们引入“能力驱动战略”并大胆改造公司的勇气。

将这些理念转化成一本书，需要付出极大的专注和努力，我们必须感谢为之出力的人们。

我们公司的主编阿特·克莱纳——一位优秀的商业思想家、天赋异禀的故事讲述者——在整个过程中与我俩密切合作。他对这本书作出了巨大贡献，我们不知该如何恰当表达对他的敬意。没有他，甚至就没有这本《基础优势》。

来自博斯公司(Booz & Company)的知识团队堪称世界一流，正是这支团队不遗余力地赋予这些概念以生命力。项目总监凯特·平克顿(Kate Pinkerton)，在组织整个团队一年之内完成两本专著和一篇《哈佛商业评论》文章的同时，帮我们辨识出一系列重要的内容。汤姆·斯图尔特(Tom Stewart)，我们公司的首席知识官兼首席营销官，深刻理解这些理念将如何在战略思想领域产生重大影响，感谢他对我们的鼓励和支持。

支撑该项目的编辑队伍也是一流的：罗伯·赫茨伯格(Rob Hertzberg)和塔拉·欧文(Tara Owen)进一步梳理了本书的理念，并以无限的精力和热情帮助我们将这些理念推向深入。

博斯公司众多同仁对这本书作出了贡献。其中有许多人，在所从事的领域造诣颇深，他们有关商业战略话题的观点令我们获益匪浅。尤其感谢：杰拉尔德·阿道夫(Gerald Adolph)、德安妮·阿吉雷(DeAnne Aguirre)、吉恩·艾哈迈德(Jin Ahmed)、舒梅特·班纳吉(Shumeet Banerji)、马蒂·博林格(Marty Bollinger)、尼科·坎纳(Niko Canner)、戴夫·科尔曼(Dave Coleman)、伊万·德·索萨(Ivan de Souza)、尼克拉斯·艾德曼(Niklas Eidmann)、肯·法瓦罗、阿兰·赫梅斯(Alan Gemes)、大卫·坎特(David Kantor)、佩罗拉·卡尔松(Per-Ola Karlsson)、乔恩·卡岑巴赫、纳迪亚·库比斯(Nadia Kubis)、肯尼·库茨曼(Kenny Kurtzman)、斯蒂芬·劳斯特尔(Steffen Lauster)、丹·刘易斯(Dan Lewis)、杰克·麦格拉斯(Jack McGrath)、彼得·门辛(Peter Mensing)、杨·梅奇尼科夫斯基(Jan Miecznikowski)、阿米特·米斯拉(Amit Misra)、莉萨·米切尔(Lisa Mitchell)、马库斯·莫拉维茨(Marcus Morawietz)、J. 尼利(J. Neely)、加里·内尔松(Gary Nelson)、卡里姆·萨巴格(Karim Sabbagh)、萨姆拉特·夏尔马(Samrat Sharma)、科林朱华·史里拉姆(Kolinjuwa Shriram)、谢祖墀(Edward Tse)、奥蕾莉·维里奥(Aurelie Viriot)和丹·韦斯特(Dan West)。他们花费了大量时间，斧正我俩的理念，使其更经得起推敲，并审阅书稿，帮助我们改进。一支专家沟通团队帮助我们将这本书推向市场，其中包括迈克尔·巴尔杰(Michael Bulger)、乔恩·盖奇(Jon Gage)、莎伦·哈基(Sharon Harkey)、凯伦·亨利(Karen Henrie)、伊丽莎白·约翰松(Elizabeth Johnson)、弗兰克·伦蒂尼(Frank Lentini)、佩妮·彼得斯(Penny Peters)、艾伦·夏皮罗(Alan Shapiro)和弗兰克·萨默菲尔德(Frank Sommerfield)。

感谢哈佛商学院出版社的各位同仁，感谢你们对于改善书中理念的无限关注。从你们身上，我们懂得了与一家“增值出版商”合作的意义。感谢保罗·米歇尔曼（Paul Michelman）和萨拉·克里夫（Sarah Cliffe），你们是这个项目的伯乐；感谢梅琳达·梅里诺（Melinda Merino）、雅克·墨菲（Jacque Murphy）、克里斯蒂娜·博茨（Christina Bortz）和埃琳·布朗（Erin Brown）；尤其感谢本书编辑阿妮亚·维克乌斯基（Ania Wieckowski）。

感谢朱迪·卢察克（Judy Luczak）和黛比·佩奇（Debbie Page），衷心感谢你们将我俩的创作过程安排得井井有条，你们提供了如此多的帮助，让我二人得以自由思索和创作。

最重要的是，感谢可敬的家人和朋友们：感谢你们以各种可能的方式给予我们的支持。你们鼓励我俩接受这份挑战，给予我们支撑和指引，并且在我们忙于创作之时予以充分的理解。现在，我们愿意偿还对你们的亏欠，因为我们知道，亲情和友情才是人生之中最必不可少的基础。

于芝加哥和克利夫兰

2010年7月13日

商业第三视界

书　　名	作者/编者	作者来自	出版时间
倒时差 ——TBWA CEO 眼中的广告世界	【法】让-马里·德吕 著	TBWA	2015.4
基础优势 ——以能力驱动战略制胜	【美】保罗·莱因万德 塞萨雷·马伊纳尔迪 著	booz&co.	2014.10
敏捷销售 ——高度互联时代的销售增长战略	【美】罗伯特·沃兰纳温·吉恩 米歇尔·希尔德 著	accenture	2014.5
大决策 ——大数据时代的预测分析和决策管理	【美】拉里·罗森伯格 约翰·纳什 著	FICO	2014.5
印孚瑟斯领导力 ——一家印度软件巨擘的领先实践	【印度】马特·巴尼 编	Infosys	2014.5
管理者是什么 ——发挥你组织中的竞争优势	【美】托马斯·达文波特 斯蒂芬·哈丁 著	TOWERS WATSON	2013.7
创建信任 ——高效能商业领导者的秘密武器	【美】步春歌 著	ruder finn	2013.4
客户满意的真相 ——成为市场竞争中的胜利者	【美】科罗思·费耐尔 著	CFI Group CLAES FORNELL INTERNATIONAL	2013.3

丛书策划:应韶荃
电话:021 53060606-2348
邮件地址:vesselbooks@163.com

图书在版编目(CIP)数据

基础优势：以能力驱动战略制胜/(美)莱因万德，(美)马伊纳尔迪著；鲁创创，朱梅，王华祖译. —上海：上海社会科学院出版社，2014

书名原文：The essential advantage

ISBN 978-7-5520-0678-0

Ⅰ.①基… Ⅱ.①莱…②马…③鲁…④朱…⑤王… Ⅲ.①企业管理-研究 Ⅳ.①F270

中国版本图书馆CIP数据核字(2014)第187843号

基础优势：以能力驱动战略制胜

著　　者：[美]保罗·莱因万德　塞萨雷·马伊纳尔迪
译　　者：鲁创创　朱　梅　王华祖
责任编辑：章斯睿　应韶荃
封面设计：黄婧昉
出版发行：上海社会科学院出版社
　　　　　上海淮海中路622弄7号　电话63875741　邮编200020
　　　　　http://www.sassp.org.cn　E-mail:sassp@sass.org.cn
排　　版：南京展望文化发展有限公司
印　　刷：上海信老印刷厂
开　　本：720×1010毫米　1/16开
印　　张：13
插　　页：1
字　　数：179千字
版　　次：2014年10月第1版　2014年10月第1次印刷

ISBN 978-7-5520-0678-0/F·269　　定价：39.80元